LUISA GARCÍA DE SERRANO

La Bala india
UN RECORRIDO MORTAL

AGRADECIMIENTOS

A Dios sobre todas las cosas.

Al amor de mi vida, mi amado esposo Andrés Avelino Serrano Trías. Mi amigo de infancia, compañero de adolescencia, padre de mis seis hijos y coautor de este libro. Partió al encuentro del Padre Celestial y desde allá nos acompañará siempre.

A mis hijos, Andrés, Asiul, Manuel Andrés, Felipe Augusto y Luis Augusto, por ser motivación y apoyo constante en mi vida. Por recordarme a diario la importancia de escribir y compartir mis saberes.

A un angelito que también vino de mi vientre y partió a la eternidad muy pronto. A mi hijo José Gregorio, por el amor que dejaste sembrado en mi corazón y el de la familia, durante tu corta visita a esta tierra.

A mi abuela materna Rosa de Urbina, por su amor incondicional y complicidad oportuna. Fundamento importante de mi vida en valores, educación y disciplina.

A mis padres por su entrega y dedicación en mi formación como ser humano.

DEDICATORIA

A mi amado Andrés, coautor de este libro y de cincuenta y dos años de aventuras vividas a plenitud.

Con este libro rindo homenaje a tu constancia, amor y dedicación por nuestros hijos y por mí.

Nunca olvidé la petición que en reiteradas ocasiones me hiciste, de escribir estas historias.

Hoy con satisfacción puedo decirte,
¡Misión cumplida!

Hasta siempre, mi amor eterno.

IN MEMORIAM

ANDRÉS AVELINO SERRANO TRÍAS

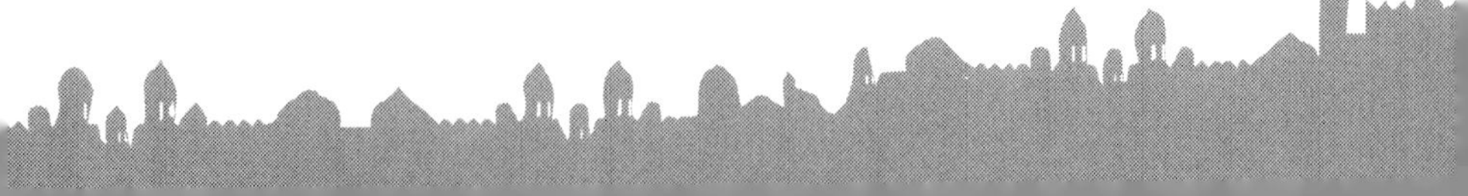

PRÓLOGO

Con un estilo muy sencillo para relatar, como el que usaría alguien para compartir con un entrañable amigo, nos llega esta historia llena de emociones en lugares exóticos.

Durante los años 80 del siglo XX, muchos venezolanos podían viajar por el mundo y experimentar los contrastes, entre su propio país y los lugares que visitaban. Contrastes sobre todo a nivel social, porque para el venezolano el trabajo duro nunca era para los niños, existía fraternidad entre todos los ciudadanos y las mujeres solían expresar sus ideas y emociones, en forma sincera y directa. Por otro lado, como rasgos imperecederos y protagónicos de la existencia humana, el amor y la familia también ocupan lugares importantes para el venezolano.

Nuestra autora, Luisa García de Serrano, nos presenta en esta obra todos estos elementos, a través de una historia personal. Una historia "de película de acción", con acontecimientos que comprueban que la ficción no necesita más que inspirarse en la realidad, para estimular genuinamente la imaginación y los sentidos.

Este libro además, presenta a una pareja de esposos enamorados, quienes aún con cinco hijos y veinte años de matrimonio, se toman de la mano para caminar por las calles, se abrazan acurrucados en taxis y aeropuertos, comparten muchas pasiones y además discrepan amorosamente.

La historia de "La Bala India" atrapa al lector desde el primer momento, porque luce y es genuina. Los sentimientos de su autora y protagonista, hacen que nuestro corazón pueda empatizar con sus propias emociones: a reír, a llorar, a asombrarnos. Al mismo tiempo nos permite reflexionar sobre; la vida en familia, la relación entre esposos y la presencia del amor en todas sus formas.

El amor en este relato es un elemento que impulsa personajes y experiencias a trascender generaciones, fronteras geográficas y culturales e incluso, la existencia en el plano meramente físico. Adicionalmente, esta historia de aventuras pone en evidencia que cuando el amor se ausenta; la existencia se hace triste, confusa y difícil, ya que el odio, el miedo y las diferencias ocupan su lugar.

Una experiencia "casi mortal" justificó la escritura del manuscrito, que esperó más de 30 años para ver la luz como libro publicado. En realidad, este libro es el cumplimiento de una promesa de amor. La historia que hubiera quedado como otro cuento de familia o quizás, como el recuerdo de una aventura increíble, pero que, gracias al amor, como lectores hoy podemos disfrutar.

Jeanette Salvatierra, MBA
Life Impactor
Coach de vida profesional, consultora y conferencista
Autora del libro "Viviendo En Modo Agradecido"
Ganador del premio Donna Lynn Quille Award
Categoría: Inspiración (2017)
Contacto: www.jeanettesalvatierra.com

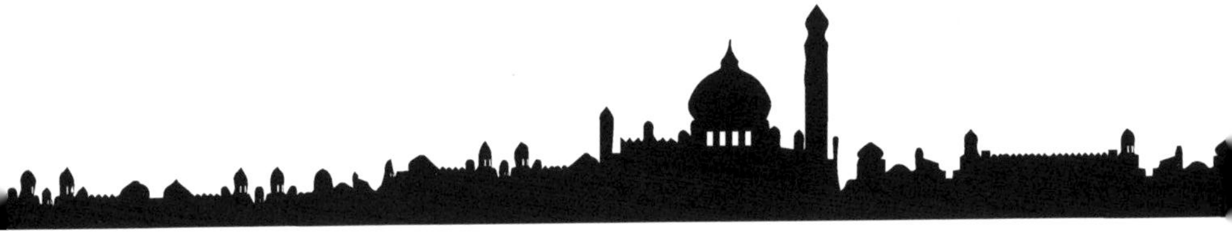

El viaje

Transcurría el año 1984 cuando mi esposo y yo decidimos celebrar nuestro aniversario número veinte, realizando un viaje inolvidable. Andrés, mi esposo, compañero de aventuras, socio y amor de mi vida, contaba con apenas 46 años de edad. Él, una persona muy organizada, perfeccionista, tranquila y siempre dispuesta a pasarla bien. Yo, cuatro años menor, de carácter agitado, desorganizada, siempre activa física y mentalmente; sin duda era muy diferente a él, sin embargo, compartíamos el mismo gusto por los viajes y nos complementábamos el uno al otro, de muchas otras maneras.

Antes de casarnos siempre pensamos que viajar formaría parte de nuestros placeres, en nuestra vida juntos. Más tarde al nacer nuestros hijos, logramos mantener viva la ilusión de conocer lugares nuevos. Es por ello, que durante las vacaciones escolares, salíamos a disfrutar todos los destinos turísticos posibles, siempre y cuando estos ofrecieran diversión para toda la familia. De esta manera, viajar siempre fue un deleite, al punto de siempre involucrar a todos los miembros de la familia, en la planificación de nuestras aventuras. Ese año, el viaje tendría una variante. Aunque todos estaban animados a sumar ideas al proyecto de nuestro aniversario, esta vez, solo viajaríamos mi esposo y yo, ya que nuestro recorrido por el mundo tendría una duración de dos meses aproximadamente, y los hijos debían atender sus responsabilidades escolares.

Se planeó hasta el más mínimo detalle; la parte más difícil de la coordinación, era combinar los horarios de actividades extra escolares, para cada uno de los tres niños, ya que algunos coincidían, pero en lugares diferentes. Sin embargo, logramos resolver la situación. En la medida de lo posible, queríamos garantizar la tranquilidad y la seguridad de todos.

En ese tiempo, nuestros dos hijos mayores se encontraban estudiando en los Estados Unidos, específicamente en la Academia Militar de Wentworth. La Academia fue fundada en el año 1880, convirtiéndose en una de las escuelas militares con mayor trascendencia de los Estados Unidos. Incluso, la historia documenta a un buen número de oficiales y otros miembros de las fuerzas armadas norteamericanas, formados en esta emblemática escuela.

Vale destacar que mi esposo Andrés estuvo en esta escuela muchos años antes, abriendo un camino y hasta estableciendo una tradición entre los varones de la familia. Para mi esposo, este lugar fue un complemento importante en su formación integral. Llegó solo, sin privilegios de hijo único, mimado y caprichoso. Después de volar nueve horas en avión, hasta el pequeño pueblo de Lexington, Estado de Missouri, ubicado en el centro de los Estados Unidos; encontró un panorama completamente diferente al que había vivido como adolescente malcriado y desobediente, esta vez, muy lejos de su familia. Tuvo que aprender a cumplir órdenes sin cuestionarlas, así como también, a valorar las relaciones, desde el respeto y la colaboración hacia sus compañeros. Pronto aprendió a ocuparse de su apariencia personal y sobre todo, a ser ordenado; hábito que lo acompañó hasta el final de sus días.

Cuando Andrés llegó a la Academia, sin conocer el idioma y sin ningún familiar cercano, le fue asignada una familia tutelar, para apoyarlo en la transición. Fue así como conoció a la familia Phillips y en particular a Bob. Bob era el mayor de tres hermanos, proveniente de una familia muy respetable en los alrededores y además muy conocida, por ser los propietarios del emblemático Hotel Phillips, el cual fue construido en 1931 y para entonces, era el edificio más alto de la ciudad, con una estructura al estilo Art Deco, de 20 pisos y 400 habitaciones. El Hotel aún se encuentra ubicado en una de las esquinas más conocidas y prominentes de la ciudad de Kansas City, compartiendo linderos con una propiedad comercial, cuyo dueño, fue nada más y nada menos que el Presidente número 33 de los Estados Unidos, Harry S. Truman. Hoy día está listado en el registro de lugares históricos de los Estados Unidos, o National Register of Historic Places.

Desde el primer momento, mi esposo se integró totalmente al grupo familiar de los Phillips; al punto de tejer lazos de amistad y una hermosa fraternidad que se mantiene, incluso en las nuevas generaciones.

Los Phillips, una familia conformada por Paula, Bill, Bob y mamá Pauline; una dama bella, atenta y cariñosa. Pauline, dentro de sus responsabilidades como mamá tutelar, tomó la iniciativa de aprender español, para poder comunicarse con Andrés, en su propio idioma; mientras tanto Bob, se convirtió en el inseparable hermano mayor y compañero de aventuras. Todos ellos rodearon de mucho amor a mi esposo, ofreciendo la protección y calidez del hogar que necesitaba.

En 1984, el año del gran viaje aniversario, nuestro hijo mayor Andrés Felipe, también tuvo la oportunidad de estudiar en la Academia. A propósito de esto, fue justamente la señora Phillips quien se hizo cargo de darle la bienvenida. Ella resaltó el hecho de que una nueva generación regresaba a la Academia y ella era nuevamente una madre postiza. Tres años más tarde, nuestro tercer hijo Manuel Andrés se incorporó también a la familia Wentworth, seguido por su primo Manuel Felipe García.

El cariño y el respeto por la Academia no se hizo esperar, es así como de forma extraordinaria nuestros dos hijos mayores formaron parte de Wentworth. Andrés Felipe, culminó su bachillerato en este lugar, y Manuel Andrés lo comenzó en la

Academia, para luego continuar en la preparatoria de George Town, Washington DC.

Son muchas las anécdotas de ese tiempo, pero hay una que recuerdo de manera especial, por lo que significó para mi hijo Andrés Felipe, quien en una oportunidad fue casi amonestado por un profesor de la Academia, acusado de grabar su nombre en el pizarrón, con un objeto punzante. Mi hijo sabía que no había hecho tal cosa, pero no se explicaba cómo podía haber pasado. Al ser llevado por su maestro, ante la supuesta evidencia, Andrés Felipe observó que seguido del nombre, también se encontraba grabado el número 52, indicando el año en el que Andrés, su padre había estado allí. Con un dejo de nostalgia, comprendió que fue su padre, el que veinte años antes, había dejado su temperamento grabado en aquel pizarrón. Por fortuna, el maestro lo liberó de la amonestación, entendiendo que no era justa.

Más tarde en la década de los años 70, ya casados, mi esposo y yo fuimos con nuestros hijos a celebrar la navidad, con la familia Phillips en su casa de Cherry Street, compartiendo además, en esta oportunidad, con dos de los amigos mutuos, Allen Cox y Bill Allen. Cox, pese a sufrir de Polio en su infancia, fue el motor principal en el desarrollo de la ciudad de Crested Butte en Colorado, donde fundó el famoso hotel Nordic Inn.

En uno de los viajes a Colorado, llegamos al pequeño aeropuerto de la localidad y nos fue a recoger el propio Allen Cox en una camioneta Van, especialmente adaptada para su condición. Cox había sufrido poliomielitis, dejándolo físicamente discapacitado. A pesar de esto, él manejaba con gran habilidad aún durante el mal tiempo y las pequeñas carreteras saturadas de nieve; era admirable la maestría con la que conducía el vehículo que nos transportaba, sobre el borde de los grandes precipicios. Durante la travesía, mi corazón palpitaba más rápido de lo normal y por momentos temía que no pudiéramos arribar a nuestro destino. Cuando finalmente llegamos a la cabaña, yo no podía caminar, me temblaban las piernas y lo único que me sostenía, era la mirada de mi esposo; él me decía, —tranquila, Allen sabe lo que hace—. Aún recuerdo esa sensación de seguridad y protección, que Andrés era capaz de generar en mí, cuando el miedo me abrumaba.

En otras vacaciones, fuimos a visitar a unos amigos en Colorado, mi esposo y dos de nuestros hijos se extraviaron en una montaña y llegaron a la habitación casi con hipotermia. Tuvimos que meterlos en la bañera con agua caliente para normalizarlos. En ese viaje también nuestro amigo Bob se fue a esquiar solo, y regresó casi a la media noche, muy afectado por el frío. Todos estábamos muy preocupados por la tardanza. En fin, nuestro espíritu aventurero siempre en guardia y atento a cualquier circunstancia, eso sí, siempre juntos.

De estas vivencias es importante resaltar que Allen Cox desarrolló un proyecto turístico, adecuando una montaña especial para discapacitados, en el área de esquiar. Con el apoyo de la primera dama, Rosalynn Carter y su esposo, el presidente Jimmy Carter, también creó con mucho éxito, una fundación para apoyar a discapacitados que desearan practicar el deporte. Tiempo después, Allen se casó en medio de una fiesta colectiva en el pueblo de Crested Butte. Nuestro amigo, libró una gran batalla, por su condición física; sin embargo, fue admirable como gracias a su determinación logró el apoyo de todos en el pueblo de Gunnison, y juntos hicieron realidad el proyecto turístico, que hoy por hoy, recibe turistas de todas partes del mundo y se le conoce como, Crested Butte Mountain Resort.

Traigo a colación toda estas historias, ya que para el momento de los preparativos del viaje aniversario, los hijos que se encontraban en Estados Unidos, también aportaban ideas de posibles lugares que podrían ser incluidos en el itinerario, y además, desde la distancia, se comprometían a colaborar, si fuese necesario, con sus hermanos más pequeños, mientras su padre y yo estuviéramos ausentes.

Para el momento del viaje, mi esposo y yo teníamos una agencia, que nos permitía tener contacto con un gran número de compañías de turismo en el mundo. Por supuesto, eso facilitó las referencias de cada lugar que visitaríamos. El tan ansiado recorrido no solo nos daría la posibilidad de celebrar como tanto lo habíamos soñado, sino que también tendríamos la oportunidad de promocionar nuestros paquetes turísticos y conocer de primera mano, lo que ofrecíamos por catálogo a nuestros clientes. Se abría un mundo de posibilidades que no íbamos a desestimar. Desde mi fe, tenía la certeza que Dios nos permitiría tener la mejor orientación, para contactar a los mejores operadores de turismo en cada uno de los países.

Después de coordinar por largo tiempo todo lo necesario, no solo en casa, sino también en nuestras empresas, poco a poco se iba acercando el momento de la partida. Todos estábamos contagiados de sensaciones indescriptibles, una mezcla de temor por separarnos de nuestros hijos, más tiempo de lo normal, y por otra parte, la alegría de poder celebrar nuestro aniversario de una forma muy especial.

Finalmente, el plan turístico, se había configurado en toda y cada una de sus etapas. Nuestro recorrido comenzaría desde Venezuela, con paradas en Londres, Dubái, Hong Kong, Indonesia Malaysia, Brunei, Filipinas, Bali, Tailandia, y posteriormente visitaríamos Nepal y la India. En nuestro plan original no estaba incluido el recorrido por Nepal y la India, pero por sugerencia expresa de mi padre, médico de profesión, viajero incansable, quien además le parecía poco acertado no visitar la India, decidimos incluir ese país, esperando poder disfrutar de la riqueza cultural, geográfica y religiosa de la que tanto nos habían hablado; de esta forma cumpliríamos el deseo de mi padre y dejaríamos satisfecha nuestra curiosidad como turistas. Fue así como a nuestro itinerario, se le sumó un paseo por Katmandú, Delhi y Londres antes de regresar a Venezuela, es decir, a nuestro hogar y punto de partida.

Los días literalmente volaron, y sin darnos cuenta llegó el momento de la despedida. Entre abrazos, bendiciones y un poco de ansiedad, todo estaba listo para partir, y así lo hicimos.

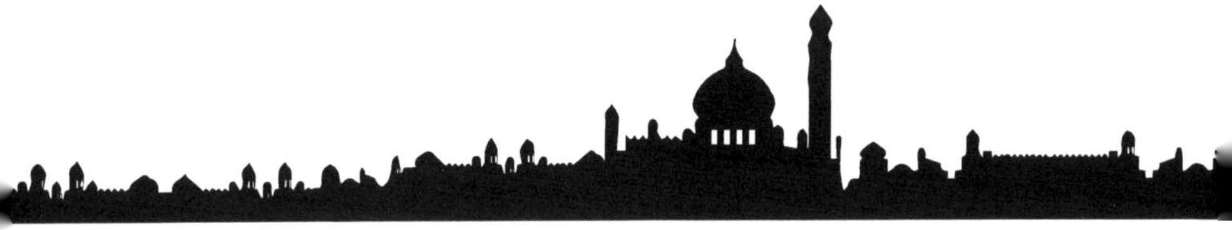

El Recorrido

Llegó el día y nuestro querido Juan, el chofer de la familia, un ser humano incondicional y servicial, tenía todo dispuesto para llevarnos al Aeropuerto Internacional Simón Bolívar, desde donde comenzaría nuestro recorrido.

Ya sentados en el auto, mi esposo y yo nos tomamos de la mano y nos miramos a los ojos sin articular palabra. En nuestras cabezas hervían las emociones y las expectativas. Todo lo que dejábamos, la alegría de compartir algo diferente y la posibilidad de conocer un mundo nuevo. Todo se juntaba. Me recosté en su pecho y me abrazó con tanta ternura, que aún puedo sentir la calidez de ese instante. En sus brazos me sentía segura y acompañada. Sus brazos eran el lugar seguro y refugio perfecto para cobijar mis emociones.

Al llegar al aeropuerto, conectados con la energía y movimiento del lugar, nos dispusimos a cumplir con los trámites de rigor, para emprender el viaje. En poco tiempo, ya nos encontrábamos en la cabina ejecutiva de la nave que nos llevaría a Hong Kong, haciendo escala en Londres, Dubái y Brunei. Despegó el avión desde el Aeropuerto Internacional Simón Bolívar de Venezuela, y con la fuerza de su elevación los latidos del corazón se aceleraban. Sentí que una gran descarga de adrenalina recorría mi cuerpo, quizás por la aventura y el deseo de conocer nuevas geografías, culturas, sistemas de gobiernos e idiosincrasias. Al mismo tiempo, la nostalgia rondaba, mientras venían a mi mente las imágenes de mis hijos, a quien dejaba en casa. Todo esto unido a la emoción que me embargaba al ver al amor de mi vida, ahí, a mi lado, dispuesto a celebrar conmigo veinte años de unión y amor incondicional. El avión alzaba el vuelo y con él, mi alma de adolescente enamorada, también lo hacía.

Emprendimos el viaje, y nuestra próxima parada sería Londres. En Londres pernoctaríamos poco tiempo. Por ser una parada breve, nos quedamos en el avión y decidimos dormir, para recuperar energías. Después de unas horas, despegamos con destino a Dubái. Teníamos la opción de pasar día y medio en este lugar o continuar el mismo día, hacia nuestro próximo destino.

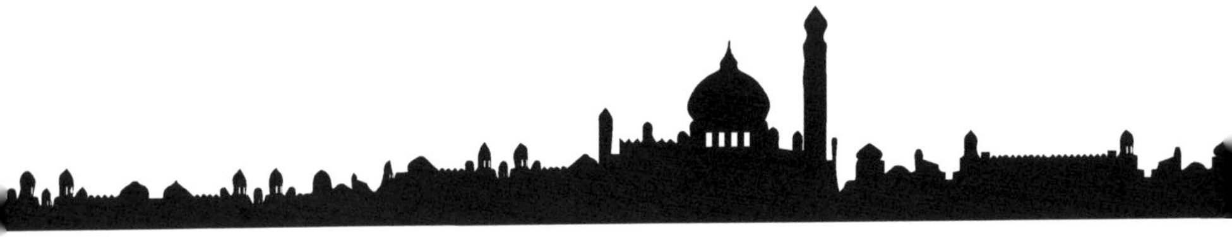

Dubái

El aterrizaje en Dubái parecía de película. Nos encontramos en medio del desierto, con una construcción aerodinámica súper moderna. Era como un oasis dentro de aquel universo de arena. Al aterrizar, todo era deslumbrante. En la arquitectura destacaban los colores azul y verde esmeralda, mientras de forma majestuosa, resaltaba el oro en todo lo metálico.

Llamó mi atención la disposición de los baños en el aeropuerto, era obvio que después del largo viaje, quisiera visitarlos. Me resultó diferente encontrar a la izquierda los baños tradicionales occidentales, sin ninguna característica especial y a la derecha los baños orientales, todos cubiertos en mármol y oro. Luego en un hermoso salón contiguo, mientras esperaba a mi esposo, un hombre joven vestido con su traje típico, puso su sandalia encima del mueble impecable y sacudió el polvo que traía entre los dedos del pie. No pude evitar verlo con indignación. No estaba segura si se trataba de una costumbre local o simplemente una falta de educación y buenos modales. Esto me desagradó tanto, que tan pronto llegó mi esposo, le comenté lo sucedido. No era precisamente una imagen que motivara a quedarse en el lugar. Hicimos un breve recorrido durante la corta estadía y decidimos continuar el viaje.

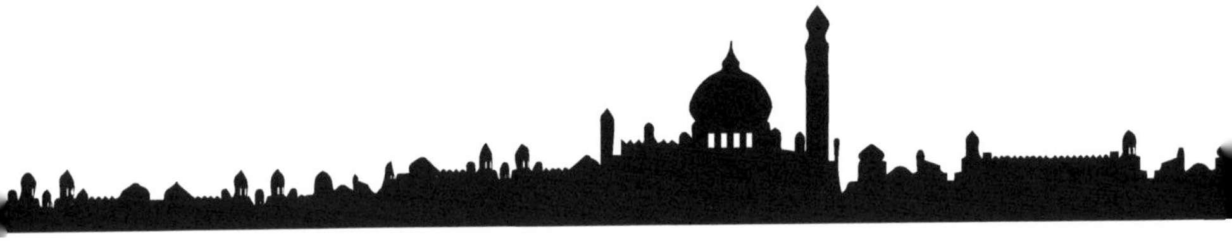

Brunei

Luego hicimos otra parada, esta vez en una Isla preciosa, una pequeña monarquía ubicada en la costa norte de la isla Borneo, al sureste del Mar Asiático. Este pequeño paraíso estaba rodeado de vegetación y contaba con un sistema de transporte muy peculiar, conformado por carritos eléctricos. Hicimos una parada corta, tomamos algunas fotografías y continuamos hacia nuestro próximo destino.

Durante la travesía hubo muchos cambios de horarios y la señal de que ya estábamos sobrevolando otro cielo, lo notábamos en las aeromozas, por los diferentes uniformes que llevaban. Mientras recorríamos Hong Kong, Singapur, Vietnam y

Malaysia, notamos con sorpresa como nuestro equipaje había aumentado drásticamente. No en vano veníamos del paraíso del consumo. Este debió ser nuestro último destino, pero ya era muy tarde para lamentarnos.

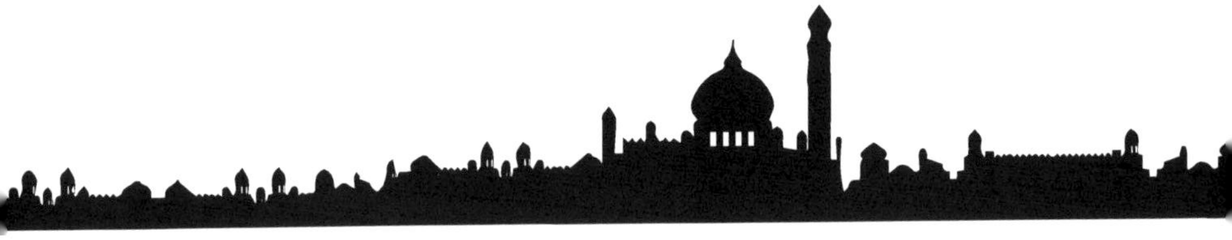

Singapur

Llegamos a Singapur y todo seguía marchando bien. El servicio en el avión inmejorable. Un aterrizaje casi perfecto y la sorpresa de encontrar un aeropuerto amplio y moderno. Me impresionaba lo limpio, organizado e impecable de todo. Se respiraba el progreso en todas partes. Desde que entramos me llamó la atención que en la parte alta de las paredes se encontraban escritas las normas requeridas para la estadía de turistas en el país, en todos los idiomas. Esto incluía las penas por incumplimiento. Todos allí tenían apariencia muy severa, no obstante, muy amables. La cultura del servicio al turista era óptima. Sin duda eso exigía una conducta a la misma altura. Supe de un turista, diplomático que durante su estadía en el lugar, apagó la colilla de su cigarrillo en el piso, y fue sancionado. Esto implicó quedarse siete días más en el país y por su condición de diplomático debía ocupar una suite presidencial, pero todos los gastos deberían correr por su cuenta. Su cargo no lo eximía de cumplir con la sanción, ya que a todos se les aplicaba por igual. Alguien comentó que se regían por la ley del Talión, mejor conocido como "ojo por ojo, diente por diente". Históricamente, el espíritu de esta Ley era proporcionar la pena en cuanto al delito, y con ello evitar una respuesta desproporcionada por la venganza. Bajo este orden, después de ser uno de los países más pobres, se convirtió en uno de los más ricos del mundo.

Nos alojamos en un hotel muy confortable, decorado con muy buen gusto y con vistas panorámicas de ensueño. Por recomendación del operador fuimos en automóvil a conocer Malaysia al norte de Vietnam. Recorrimos las grandes plantaciones de caucho y vimos el proceso de recolección de resina que viene de la savia de los árboles. Fue toda una experiencia ver los bosques de árboles de caucho, cuyo nombre botánico es HAEVEA BRASILLENSIS (el árbol de la pega Balata). Estábamos fascinados con lo que veíamos y escuchábamos. Todavía recuerdo la curiosa historia de esas extensiones de siembra. Cuentan que un biólogo británico sustrajo ilegalmente 70.000 semillas de árbol de caucho, mientras habitaba en tierras de su propiedad en la Amazonia. Se dedicó a estudiar la semilla y la mejoró al punto de que una semilla tratada por él, tenía mayor rendimiento que las semillas de Brasil, hasta el momento uno de los mayores productores de este tipo de semilla. El biólogo enviaba las semillas al Jardín Botánico de la Realeza y luego las expandía por varios países con clima tropical. Ese rubro de las semillas de caucho influyó de manera significativa en la economía, ya que rompió el monopolio que hasta entonces ejercía Brasil, al punto de atribuirle la quiebra económica del país. A este biólogo británico, de nombre, Sir Henry Alexander Wickham, lo llamaban el "Bio pirata". Era interesante conocer un poco sobre esta historia, sin duda, le dio un toque fascinante al recorrido.

Fue un día de mucho aprendizaje para nosotros, después de caminar grandes extensiones de bosque entre árboles de caucho, estábamos agotados y hambrientos, así que nos dispusimos a continuar la próxima aventura, esta vez con destino a una pequeña bahía famosa por sus langostinos. Cada restaurant del pequeño lugar, se especializaba en la cría de estos frutos del mar, clasificados por color, sabor, tamaño y textura. A pesar de ser un lugar sin nombre, solo lleno de callecitas repletas de pequeños restaurantes, aquí encontramos los langostinos más exquisitos que habíamos comido en nuestra vida. Luego de disfrutar esta estupenda cena, ya con energías renovadas, nos dispusimos a seguir el camino. Pronto comenzamos a observar la línea fronteriza muy bien marcada, dividiendo drásticamente el paso de un país a otro.

Una vez en Singapur, continuamos el recorrido programado sin ningún tipo de contratiempo. En esta región los idiomas oficiales, eran el inglés, el mandarín y el cantonés, facilitando la comunicación con los turistas. Complacidos, mi esposo y yo comentamos que Singapur, era una ciudad cosmopolita que nunca olvidaríamos. Durante la gira, cuando llegaba la hora de descansar, de inmediato llamábamos a nuestros hijos para saber cómo iba todo, y por momentos sentíamos el deseo de regresar para compartir con ellos y el resto de la familia. Era imposible no extrañarlos e imaginar cómo habría sido el viaje, si ellos hubiesen venido con nosotros. Esta no era más que la manifestación de esos sentimientos que abrigamos los padres, sin importar cuán lejos nos encontremos de nuestros hijos. En fin, no era hora para tristezas, disfrutábamos estar ahí juntos, mi esposo y yo, agradeciendo cada instante y cada momento compartido. Como siempre, nos abrazamos y vencidos por el cansancio, nos quedamos dormidos con la emoción de nuestra siguiente aventura.

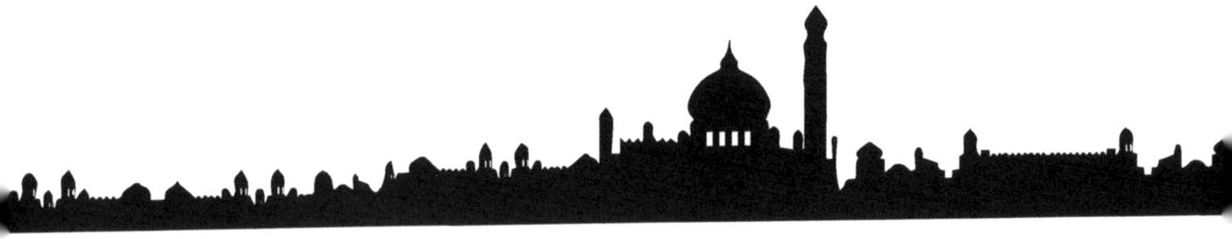

Katmandú

Llegamos al aeropuerto Internacional de la ciudad de Nepal. Me sorprendió ver unas instalaciones muy precarias y deterioradas. Desde una ventana del aeropuerto alcancé a vislumbrar un campo donde el arado se hacía manual. Dos hombres movían la tierra con un yunque en sus hombros, mis ojos no lo podían creer. En mi país lo hacen los bueyes, me resultó insólito el alto grado de involución técnica. Sentí en el ambiente una especie de arenilla amarilla que me acompañó hasta que dejé Katmandú, la capital del Nepal. Un reino independiente, situado al norte de la India con una superficie de 148.748 Km2, limita al norte con el Tíbet (China); al este con Sikkim y Bengala Occidental (India) y al Sur-Oeste con los estados indios de Bihar y Uttar Pradesh en ese momento recibía apoyo de la Unión Soviética; Katmandú, topográficamente estaba formada por tres zonas longitudinalmente bien determinadas: El Taraí franja de tierra llana y boscosa; la zona media de llanuras medias y elevadas que van ascendiendo gradualmente hasta las estribaciones del Himalaya y por último la parte más alta de la zona montañosa que se extiende hacia el norte. Sus cúspides determinan los límites con el Tíbet, lugar donde se encuentra la elevación más alta del planeta. Entre esas cumbres se destaca el Everest, descrito como una montaña joven. En los días despejados y con sol radiante se puede apreciar la majestuosidad de la cordillera. Existen las intrincadas cadenas montañosas que van en forma perpendicular con respecto a las anteriores y son las que determinan el curso de los ríos nacidos en el Himalaya los cuales van a desaguar al Ganges, río Sagrado de la India.

En las tierras de aluvión de la zona baja de Taraí abundan los terrenos cenagosos y selváticos de riqueza agrícola principalmente en algodón, trigo, arroz, legumbres, caña de azúcar, tabaco, opio, entre otros. En la parte central se cultivan los cereales, frutas, flores, vegetales, maderas y té de excelente calidad. En las zonas cuyas pendientes, cuyos escalones activan un sistema natural de riego. El cultivo en terrazas nos recordó el sistema usado en la isla de Bali.

La ganadería de vacunos y bovinos en muy limitada por la falta de pasto. En la región del este, se cultiva el Cardamomo, una planta aromática que constituye uno de los productos de mayor exportación. Katmandú posee una fauna muy rica distribuida igualmente en tres zonas o franjas. En la zona baja habitan leopardos, tigres, Hienas, chacal, elefantes, rinocerontes y búfalos. En la parte media, habita el famoso oso negro del Himalaya, perros salvajes, ardillas, liebres, hay una gran variedad de gatos, antílopes, puerco espín, etc. En la zona montañosa habita el verdadero oso pardo, también se encuentra el Yak, rumiante afín al toro y al bisonte. Este último, vive en estado salvaje, tiene aproximadamente 1.80mts de altura, con grandes cuernos levantados y pelo largo casi hasta el suelo. Las hembras y los terneros se agrupan en rebaños mientras que los machos viven en solitario o en pequeños grupos. También existe el Yak doméstico de tamaño más pequeño que el salvaje, el cual es cruzado con ganado vacuno para obtener un híbrido dócil, sobrio y de una gran resistencia para las labores del campo.

Las especies avícolas a pesar de no ser muy variadas son de mucha calidad, entre las cuales podemos mencionar el faisán, el perdis, el buitre, etc.

En el Taraí se habían descubierto yacimientos de lignito y carbón bituminoso. En la zona media se encontraron piedra caliza, diferentes tipos de mármol y minerales como hierro, cobre, zinc, plomo. En la parte alta montañosa: oro y plata. Tienen tres estaciones bastante definidas durante los meses de junio hasta octubre llueve sin parar. Desde mediados de octubre hasta abril llega el frío. Hay actividad sísmica durante todo el año, haciendo sentir con frecuencia temblores de tierra.

En la década de los años ochenta existían pocas vías de comunicación y pocas vías aéreas. Los habitantes de Nepal eran considerados multiétnicos. Al norte se encontraban los tibetanos de Mongolia. En la zona central los descendientes de los Brahmanes, quienes fueron expulsados de la India por los musulmanes durante el siglo XVIII, luego se refugiaron en las colinas occidentales, desde donde se trasladaron al centro del país. Por esta afluencia étnica existe una inmensa gama de dialectos además del tibetano y una variedad del sánscrito. En el aspecto religioso predomina el Budismo y el Hinduismo. El Nepal y Cachemira se destacan dentro del subcontinente Indio por poseer su propia literatura épica narrada en sánscrito. El remoto origen de la constitución del país da cuenta de las dinastías indígenas que condujeron en el siglo XI la hegemonía de los Rajputas de la India. Con la invasión y conquista del Nepal por Harisinha Deva, la Raja Sinraun en el año 1324 es cuando comienza la verdadera historia del Nepal. Gobernaron cuatro Rajas de esta dinastía hasta el siglo XIII, luego ocupó el trono Jayastithin Malla y se mantuvo en el poder hasta 1768, fecha en que los gurjalies invadieron el país e impusieron a la poderosa familia Sah en el año 1791. Al poco tiempo se firmó el primer tratado con los ingleses. A mediados del siglo XIX fue sustituida la Familia Sah por la Familia Rana, la cual gobernó hasta el año 1951 convirtiéndose en una monarquía constitucional. En el año 1960 asume el poder absoluto el rey Mahendra Bir Bikram. Esta monarquía se caracterizó por una constante violencia social, producto de las políticas de estado.

Era un país de grandes contrastes sociales, recuerdo que visitamos una feria dominical próxima al hotel donde estábamos hospedados, allí tuvimos la oportunidad de apreciar la riqueza de los trabajos artesanales realizados con huesos humanos: fémur, cráneos, tibia, peroné, etc. Esto me causó una terrible impresión. Había estado soplando uno de los instrumentos y al escuchar esto, mi boca se tornó amarga. El guía turístico que nos acompañaba nos habló acerca de un rito que por costumbre se llevaba a cabo cada vez que alguien moría. Los cadáveres eran llevados a la cumbre de la montaña y expuestos a la intemperie para que su carne fuera devorada por las aves de carroña y de esta forma el alma pudiera liberarse e ir al cielo. Una vez consumado el acto, los huesos se convertían en verdaderas obras de arte, en manos de los artesanos y vendidos a los turistas que frecuentaban las ferias locales. No podía salir de mi asombro; escuchar ese relato hizo que mis vísceras se revolvieran, y quería retirarme de ahí ¡lo más pronto posible! Afortunadamente mi esposo ya tenía preparado el siguiente recorrido que nos llevaría a la estación situada en la base del monte Himalaya, palabra que en sánscrito significa "Morada de las Nieves". Todavía traumatizada por la experiencia anterior, traté de enfocarme en el camino que ahora se mostraba ante nosotros. Desde la Morada de las Nieves, pudimos apreciar la gran movilización de nativos y turistas que iniciaba el ascenso al monte más alto del mundo, mejor conocido como el Monte Everest con una altura de 8.848 metros. Llamó nuestra atención que en la ciudad de Nepal al mismo Monte le llamaban Chomolungna, sin embargo, nos informaron que se trataba del mismo Everest, nombre asignado en honor al topógrafo y geógrafo Sir George Everest, como reconocimiento a los estudios hechos en la zona. Por muchas razones, este lugar continúa siendo un verdadero reto para los alpinistas, ya que entre otras cosas, se puede escalar durante dos épocas del año, a finales de mayo o durante el mes de octubre. La vista desde ese lugar era impresionante. Observar las laderas de la montaña y las caravanas de alpinistas y nativos con bultos en la espalda; así como la procesión de mulas con alforjas llenas de todo lo necesario para acampar. El turismo de esa zona estaba diseñado para todos los gustos, según el poder adquisitivo. A lo lejos se vislumbraban cientos de caminantes, quienes en perfecto orden avanzaban como grandes colonias de hormigas, subiendo y bajando por los caminos estrechos de la cordillera.

Un elemento endémico durante la escalada del Himalaya es el mosquito anófeles, transmisor del paludismo. Supimos entonces, como las agencias de turismo especializadas, siempre estaban dispuestas a dar asistencia a los turistas. Me impresionaba que estando en un lugar tan inhóspito, al momento de pagar se pudiera hacer en dólares americanos.

Un nativo nos comentaba en lengua inglesa, que solo la familia Real y sus amigos sabían leer, esto confirmaba una información recibida antes, por nuestro guía turístico, cuando nos decía que solo el seis por ciento de la población era alfabetizada. El joven guía –casi de inmediato- bajó su cabeza y dibujó en su cara una mueca de profunda tristeza, ya que la discriminación de razas era evidente y palpable en toda la región. Mientras avanzábamos, no podía evitar sentir pena por el contraste de escenarios. Mi mente no alcanzaba a comprender cómo podía coexistir una gran pobreza justo al lado de las murallas del famoso palacio, donde habitaba la Realeza. Lo que estaba ante mis ojos no era placentero, por el contrario, despertaba en mí un sentimiento de tristeza.

Es costumbre que recorridos como el que estábamos haciendo, se hiciera con un gran grupo de personas, ya que por seguridad, ningún turista debía ir solo o en pareja. En nuestro caso, por ir solos, el ministerio de turismo nos asignó un guía. Resultó ser un joven nativo de pronunciados rasgos asiáticos, muy despierto, bien entrenado e informado sobre su país. Nuestro guía tomaba con mucha seriedad su trabajo y siempre estuvo atento a todos nuestros movimientos. No nos perdía de vista desde que salíamos de nuestra habitación hasta que nos dejaba en el lobby del hotel y nos recordaba constantemente que no debíamos ir solos a ningún lugar.

El día siguiente fue caluroso y soleado. Algo de brisa impregnada de un polvo fino y amarillento, penetraba nuestras vías respiratorias y cubría hasta lo más íntimo de nuestro ser. El guía asignado nos llevó en un recorrido a pie por el centro de la pequeña ciudad. Llegamos frente al templo de la Niña Diosa. Ahí nos contaron por qué era llamada de esta manera y cómo surgió la leyenda. A la niña escogida, como Diosa Viviente se le rinde culto hasta que por alguna razón accidental o biológica muestre alguna señal de sangramiento, aunque sea causado por un simple rasguño. Existe un verdadero culto por esta deidad viviente. El triste drama que se cierne sobre la deidad de la Diosa Viviente, afirma que el hombre que se case con ella, está destinado a morir a temprana edad. Dice también la leyenda, que al dejar de ser Diosa Viviente lleva consigo el signo de la desgracia. Según la tradición son niñas que nacen predestinadas y desde su nacimiento reciben un trato especial, con una infancia y juventud muy triste. Su vida transcurre en una especie de claustro-convento. Ordinariamente solo se le puede ver a través de una ventana, ubicada en un segundo piso, desde una antiquísima estructura de madera finamente trabajada. Solo sale del área en ocasiones especiales y es mostrada a diferentes horas del día, para que los creyentes, seguidores y turistas la observen y veneren como una deidad viviente.

El sol por momentos se hacía más intenso, se sentía un vapor sofocante y teníamos la piel empegostada por el intenso calor. Continuamos el recorrido, luego paseamos por otros edificios públicos en el centro de la ciudad, pero por la humedad y la temperatura agobiante, sentíamos dificultad para respirar. Era imposible continuar, decidimos regresar al hotel para tomar un baño en la piscina.

El día siguiente era sábado, salimos muy temprano para visitar lo que nos faltó por ver el día anterior. En el recorrido vimos que se estaba realizando el mercado popular, frecuentado por los nativos, los sacerdotes y los mendigos que se creen sacerdotes, pidiendo dinero a los turistas. Veíamos a los niños con un descuido patético y trabajando en la calle. En la tarde estaba pautada la visita a las fábricas de alfombras muy publicitada en todos los boletines turísticos. Cuando nos dirigíamos a la zona de las fábricas, en una explanada que en épocas remotas debió ser una plaza, le pedí al chofer que por favor se detuviera un momento. El guía no estuvo muy de acuerdo, porque ese grupo de personas no representaba, según él, ningún interés turístico. Yo solo quería ver lo que estaba ocurriendo, y en efecto vi a un simpático monito y su dueño, con la indumentaria típica de un circo. Lo que realmente quería era observar el comportamiento espontáneo de los nativos y esta era la única oportunidad que tendría de hacerlo. Nos detuvimos y al descender del auto sentí el polvillo amarillento que nos cubría. La plaza estaba sucia y había mal olor. Se presentaba un improvisado show y la gente se agolpaba emocionada en un gran círculo, con sonrisas que no les había visto antes, pero siempre con un dejo de tristeza. El dueño del pequeño mono era un viejo ruinoso de ropa harapienta y sucia, inspiraba lástima, pero estaba haciendo un gran esfuerzo por divertir a todos los presentes. Debo reconocer que él lograba su objetivo. En la concurrencia se veía mucha pobreza. En sus caras había un deseo de reír, casi forzado. Continuamos nuestra ruta para cumplir la agenda del día y al fin visitar las famosas fábricas de alfombras. Para nuestra sorpresa nos llevaron a una zona de galpones en ruina, con poco mantenimiento. Al entrar el panorama era otro. Nos recibieron jóvenes bien vestidas con trajes típicos. Tenían rasgos asiáticos, buena presencia y estaban entrenadas en todos los idiomas para atender y halagar a los turistas. En un primer salón de exhibición se podía apreciar piezas monumentales que cubrían las grandes paredes. La primera impresión fue ver grandes obras de arte, parecían óleos realizados por los

49

mejores maestros pictóricos de la humanidad. Diría que eran joyas que pueden ser exhibidas en los mejores museos o galerías de mundo. Al ver con más detalle, me di cuenta que no eran óleos. Mis ojos no lo podían creer. Los que parecían lienzos, eran alfombras hechas de pequeños nudos de seda, perfectamente alineados. Pasamos a la segunda sala, era una exposición para todos los gustos y de la mejor calidad. Al final entramos en los talleres para conocer la confección de la joya artesanal que veníamos disfrutando, pero para nuestra sorpresa, el escenario que teníamos ante nuestros ojos, era completamente diferente. Vimos muchos niños entre seis y doce años de edad, en unos bancos o taburetes altos y largos. Los niños estaban organizados por edad. Tejían sin parar y no se distraían ni con los visitantes. Lucían desnutridos y abstraídos en su labor manual. Solo con sus pequeñas manos se podían hacer los nudos casi invisibles, necesarios para la excelente calidad del producto terminado. El resultado era un tejido casi perfecto. Los niños mostraban una gran pasividad, no existía la intranquilidad normal en niños de esas edades. Nos llamó la atención ver que debajo de los largos bancos, el piso estaba mojado y extrañada pregunté cuál era la razón. Como algo muy natural, nos dijeron que los niños hacían ahí, su necesidad fisiológica es decir, la humedad debajo de los bancos era el orine acumulado. La joven que nos guiaba comentó, que los niños y niñas entre diez y doce años, por la intensidad del trabajo que realizan, se les manifiesta una vejez visual precoz, es decir, sufren una disminución de la visión que normalmente aparece en una persona de setenta años. Los niños quedan incapacitados para realizar otros oficios, entonces muchos de ellos son usados en otros países como la India, Tailandia o Hong-Kong, para ser abusados sexualmente por turistas aberrados, o explotados en trabajos que son rechazados por el resto de la sociedad. El comentario me resultó aterrador. Me vino a la mente un comentario que hiciera días antes el guía que nos acompañaba en el recorrido por Tailandia, acerca del alto porcentaje de tráfico de niños en similares condiciones. Me parecía mentira que ahora lo estuviese viendo directamente. Sentí un profundo dolor y sin darme cuenta, lágrimas corrían por mis mejillas sin poderlas detener.

Conmovidos por lo que acabábamos de ver mi esposo y yo salimos de ahí y nos dispusimos a visitar el centro de la ciudad. Íbamos caminando por una calle estrecha y polvorienta, bordeada por pequeñas casas, con portales de cemento, en forma rectangular, usados como plataforma para secar los granos o semillas de los frutos cosechados en sus patios. De repente miré hacia el otro lado de la calle, y vi una extraña bola grande y negra de moscas que se movía. Al observar con detalle, me di cuenta que era la cabeza de un niño. Mi sorpresa fue mayor al ver que aquella pequeña criatura no hacía nada por quitarse esas moscas negras de su cara. Supe entonces que el niño no tenía fuerza, ni capacidad física, para moverse y hacer que las moscas se fueran. En el triste recorrido, observé también que con frecuencia aparecía gente con un ojo azul y otro pardo. El guía me explicaba que era por la contaminación de las moscas, que al picar el ojo lo infectaban, dejando dentro una especie de larva o gusano que causaba la pérdida de la visión y posterior pigmentación azul. Sentí temor y pena, al encontrarme frente a aquel panorama tan desolador.

Llegó el crepúsculo y solo habíamos tomado agua para no deshidratarnos. Le agradecimos al guía por acompañarnos y le pedimos que nos disculpara, pero ya queríamos regresar al hotel, para descansar. Había sido un día intenso. Mis emociones destilaban polvo y arena amarilla. Mi corazón estaba agobiado y me sentía muy cansada. El guía atendió nuestra solicitud y regresamos a la habitación, dónde más tarde tomé un baño y una reparadora siesta, intentando recuperar la energía para continuar las actividades programadas para esa noche.

Teníamos una reservación a las siete y media de la noche en un restaurant de comida asiática. Ya listos en el hotel, esperamos el taxi y hablamos en inglés con el chofer hasta llegar al famoso restaurant de cinco tenedores, menú internacional y comida Nepalí. El chef hizo sus recomendaciones y lo que escogimos fue delicioso. Disfrutábamos la cena y todo transcurría muy ameno, a pesar de lo vivido durante el día. Le comenté a mi esposo en medio de aquel momento tan especial, que sentía que alguien me observaba. Él sonrió y comentó: – Eso era lo que nos faltaba, creo que te estas dejando afectar demasiado. – Entonces pensé que mi sensación se debía a la cantidad de vivencias que tuve horas antes. No estaba acostumbrada a ver tanta miseria. Cambiamos el tema y continuamos la elegante cena. Se hizo entonces un silencio prolongado, estábamos absortos degustando las exquisiteces del Chef, acompañadas de un buen vino. De repente mi esposo me tomó de la mano y me dijo, –no quiero exclamaciones, relájate y mira a tu derecha

– Miré y ¡Oh Dios!, ¿ojos?, no solo había ojos a la derecha, sino también a la izquierda. Muchos ojos nos observaban desde las rendijas de dos ventanas. Los ojos miraban fijamente la comida, con expresión de deseo y angustia. Miré hacia el otro lado y noté que los comensales no se habían percatado, de la presencia de aquellos ojos. Le dije a mi esposo que no podía seguir comiendo. Él me preguntó: – ¿así piensas resolver los problemas de la humanidad? – le contesté que no. Pero no podía seguir comiendo. Decidí llamar al mesonero que atendía nuestra mesa, y le pedí que por favor colocara mi comida en un envase para llevar. El mesonero con cara de asombro y como disgustado, me dijo que no podía hacer eso. Al hacerlo me expondría a una agresión de la que podría salir herida. Extrañada pregunte, ¿por qué?, la respuesta no se hizo esperar. Eran muchos niños y se pondrían agresivos intentando saciar el hambre que tenían. Decidí seguir con mi plan de llevarles comida. Me dijo entonces que en el restaurant no tenían envases para llevar y rápidamente le respondí que lo guardara en una bolsa. Posiblemente su fibra humana se conmovió y ante mi firme intención, me dio una bolsa con más comida de la que yo tenía en mi plato. Andrés mi esposo se molestó porque se había arruinado nuestra linda cena. Me disculpé con él, ya que después de estar en un sitio tan remoto para nosotros, sentí que lo había fastidiado, pero no me pude controlar, y si volviera a encontrarme en una situación similar, creo que lo volvería hacer. Habíamos tenido muchas impresiones fuertes en un mismo día, el mesonero trajo la bolsa en medio de tanta elegancia y al entregármela me dio varias recomendaciones. Una de ellas era que no saliéramos sino cuando llegara el taxi que nos llevaría de vuelta al hotel. La otra fue que al salir pusiera la bolsa en el piso y nos marcháramos inmediatamente. Así lo hicimos. Cuando ya estuve en el auto, devastada miré hacia atrás intentando dejar en el pasado la desgarradora escena de los niños devorando la comida. Nunca olvidaré la expresión de sus rostros. Niños desnutridos, tristes con mucha hambre, envueltos en papel periódico para mitigar el terrible frio de sus pequeños cuerpos. La temperatura había bajado a seis grados. Era casi media noche. Llegamos al hotel y fue muy difícil conciliar el sueño.

El día siguiente era domingo, teníamos programadas otras visitas; la verdad ya queríamos estar solos. Me sentía asfixiada. Nuestro acompañante parecía entrenado para cuidar reos y no para guiar turistas. Hasta para ir al baño me esperaba en la puerta. Perdimos nuestra privacidad; queríamos sentirnos más libres, caminar solos por las calles, tener una realidad distinta a la que él nos había presentado. El guía era un joven muy serio, sencillo, con una conducta programada y sometido por severas ordenanzas gubernamentales. Nuestro encuentro para el día domingo estaba programado a las 10 de la mañana, en el lobby del hotel. Bajamos a desayunar en un hermoso salón donde predominaban los colores pasteles. Todo decorado con mucho gusto. Ofrecían un buffet suculento, entonces pensaba en los niños de la calle, sufriendo de frío y hambre. Tomé un pequeño desayuno, pero ya no quería seguir viendo tanta tragedia. Le propuse a mi esposo descansar y quedarnos en el hotel para recuperar energía, ya que al día siguiente nos iríamos a la India. Allá también nos esperaba un itinerario con muchas actividades. Ambos estuvimos de acuerdo. Después del desayuno fuimos al lobby para encontrarnos con nuestro guía, quien como siempre estaba esperándonos. Al saludarlo y explicarle que ya no necesitábamos sus servicios, nos miró sorprendido y nos dijo que no podíamos andar solos por las calles, ya que eso atentaba contra nuestra seguridad. Le explicamos que la idea era permanecer en el hotel. Él, contrariado insistió en que no corriéramos ese riesgo, sin embargo mantuvimos nuestra decisión, le pagamos y nos despedimos de él. Luego nos dirigimos a la recepción del hotel, nos atendió una joven elegante, con su uniforme impecable, de rostro y ojos almendrados, muy simpática. Queríamos saber si había alguna misa dominical a la que pudiéramos asistir. Con cara de preocupación, nos advirtió que el Cristianismo estaba prohibido, pero casi como un susurro, nos comentó que en el hotel Sheraton, ubicado relativamente cerca de nuestro hotel, se realizaba una misa católica, pero tendríamos que caminar hasta el lugar e informarnos allá. Lo único que sabía era que se congregaban después del mediodía. Estuvimos un rato en el hotel y después de pensarlo un poco y como dos cómplices, nos encaminamos al Hotel Sheraton en la ciudad de Katmandú. Llegamos sin pérdida. Nuestra sorpresa al entrar, fue encontrarnos con el que había sido nuestro guía. Nos miró sin cruzar palabra y se fue. Al llegar a la recepción preguntamos por la Misa Católica, y de forma muy discreta, la señorita de la recepción nos indicó que la única reunión que había estaba en el depósito de sillas del segundo piso, en. Mientras seguíamos hablando, entró un hombre joven, alto, rubio, con pantalón y chaqueta de cuero negro; llevaba un casco de motocicleta y un maletín. Por su vestimenta, pensé que era un artista de cine. La recepcionista continuó indicándonos como llegar hasta el depósito de sillas en el segundo piso del hotel, advirtiendo que subiéramos por las escaleras y no usáramos el elevador. Parecía una película de suspenso. Cuando subíamos las escaleras, algo me decía que nos encaminábamos a lo prohibido. Junto a nosotros una pareja de turistas también subía. Les pregunté si por casualidad iban al depósito de sillas y me contestaron en voz baja que sí. Fue algo indescriptible para todos. Nos invadió una gran alegría al saber que ellos igual que nosotros estaban en la misma búsqueda. Comenzamos a caminar por grandes salones oscuros. Íbamos abriendo y cerrando puertas hasta que detrás de un salón lleno de sillas apiñadas, oímos voces y entramos. La sorpresa al entrar fue grande, ya que el joven, rubio con vestimenta de cuero que habíamos visto minutos antes, era el sacerdote que oficiaba la misa. Un joven Jesuita de la orden de San Ignacio de Loyola. Se presentó como mercenario de Cristo. En Nepal había para esa época aproximadamente 200 cristianos. Solo se podían reunir una vez, los días 8 de diciembre de cada año, en el día de la Inmaculada Concepción. Se congregaban en un parque público, y a esta reunión se le llama Ultrella, que no es más que la reunión de los cristianos residentes en el área. El sacerdote que oficiaba la Misa, ayudaba en una comunidad Nepalí y predicaba el evangelio con su ejemplo. Al comenzar la Misa todos nos presentamos y dijimos nuestros nombres. En el salón se respiraba una gran energía, cada palabra era sentida en lo más profundo del corazón. Estábamos conmovidos.

En el momento de la elevación, la petición de todos fue por la paz del mundo, la libertad de culto, y por un mundo más justo. Incluí una petición por los niños que sufren y padecen el desamparo de la humanidad. Durante la oración que Jesús de Nazaret mismo nos enseñó, el Padre Nuestro, nos tomamos de las manos y créanme que cada palabra que repetíamos, parecía que venia del cielo. Esta grata aventura se convirtió en un momento cerca de Cristo. La misa fue muy breve, el sacerdote muy amablemente se despidió. Nos rogó mucha oración por todo lo que estaban padeciendo y que no olvidáramos el 8 de Diciembre hacer una oración especial por los que sufren persecución por su fe. Al terminar nos despedimos y agradecidos, regresamos a nuestro hotel.

El tiempo que llevábamos fuera del hogar y las últimas experiencias vividas me tenían agobiada. Fue muy significativo para nosotros acudir a esa Misa y refrescar el alma. Sin embargo, estaba agobiada y un poco cansada, nos faltaban 3 días más en Nepal, pero ya deseaba irme a la India. Me quedé pensativa sin atreverme a decirlo en voz alta, pero cerré los ojos y hablé con mi esposo. Le pedí que por favor adelantáramos el viaje a la India. Nos miramos y supe que estaba de acuerdo. Fue una decisión alegre, casi espontánea y de mutuo acuerdo. Él me dijo: -quería proponértelo, porque desde la cena de anoche no eres la misma, así que, ¡manos a la obra! Nos dirigimos a la recepción del hotel para cambiar nuestros tickets aéreos. El conserje muy amablemente nos dijo que en tres horas saldría un vuelo doméstico para Delhi, pero no era turístico, era para los nativos y algunos extranjeros que trabajaban en India, venían a hacer su mercado a Katmandú.

Pedimos que prepararan nuestra cuenta, mientras nosotros organizábamos el equipaje. Saldríamos lo más pronto posible al aeropuerto. Nos reservaron dos cupos en el avión. Todo fue rapidísimo. Le dimos las gracias por su amabilidad, mientras preparaban todo para el traslado. No demoramos en bajar con nuestro equipaje. Por lo largo del viaje nuestro equipaje era inmenso. Teníamos seis bultos, cuatro maletas grandes, dos maletas pequeñas con la ropa de uso frecuente y nuestros bolsos de mano. Por supuesto también llevábamos los estuches de las cámaras de fotografía y videos. Nos fuimos al aeropuerto, chequeamos nuestros documentos, todo estaba en regla. Despegamos en un avión pequeño. No era un vuelo para turistas. El pequeño avión olía a granja, lleno de verduras, gallinas y hasta un marrano corría por el avión. Los nativos venían a hacer sus compras semanales. Al parecer les resultaba mejor y les rendía más el dinero, haciendo el mercado en Katmandú. Todo era una locura pero divertida. Una Señora de origen chino, me ofreció una pieza deshidratada de color negro que estaba comiendo. Con mucho respeto le pregunte que era y me dijo que eran algas marinas. Me costó un poco masticarla, pero la comí. El vuelo era sin escala, con una duración de 55 minutos.

Cuando nos aproximábamos a la gran montaña, el capitán del avión en un acto de cortesía nos saludó por el parlante y nos dio una explicación detallada, mientras sobrevolamos sobre el Himalaya. Nos hizo un relato de esta joven montaña que está situada geográficamente en Asia, entre la India y el Tíbet. En la zona centro occidental se hallan las fuentes de los ríos Indo y Brahmaputra. Este sistema montañoso con su gran complejidad, cuenta con los picos más elevados, tales como el Everest (8.848 metros) y el Kanchenjunga. En los declives occidentales nacen los ríos Indo, el Yelum, el Juana y el Ganguees, río sagrado de la India. Los movimientos tectónicos que dieron origen a esta cordillera son relativamente recientes, de ahí que el desgaste erosivo de las cumbres del sistema no ha sido excesivo. Esta es una de las razones de su gran altura. Los sedimentos arrastrados por las aguas y las nieves engruesan los deltas de los ríos que desembocan en el golfo de Omán y el golfo de Bengala. Densos glaciares se forman en las partes más altas del sistema montañoso, con la nieve acumulada, año tras año. Al descender por los declives y derretirse la nieve, van a las fuentes de los grandes ríos del continente. La cordillera es tan alta que los monzones no logran rebasarlas, son vientos cálidos y húmedos que soplan al norte desde el golfo de Bengala. De pronto, mientras continuábamos absortos entre el paisaje y la historia, el piloto avisaba que nos aproximábamos al aeropuerto Internacional de la Ciudad de Delhi. Mi corazón se aceleró. Por fin habíamos llegado a la India.

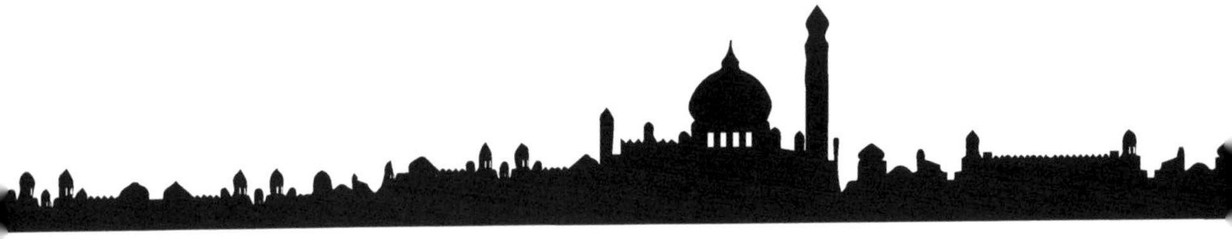

Delhi

No lo podía creer, en el aeropuerto de Nueva Delhi, las instalaciones eran muy antiguas, pero con tecnología muy avanzada. El empleado de aduana al ver nuestro equipaje, amablemente sugirió que para mayor comodidad, usáramos un servicio de depósito para viajeros, el cual nos resultó muy conveniente. Después de colocar en guarda el equipaje me sentí como nueva, libre y entusiasmada, aunque por un momento, deseaba llegar a nuestra casa y reunirme con mi familia otra vez.

Al llegar a la ciudad de Delhi, en la puerta del aeropuerto respiraba a plenitud. Dejé atrás el polvo de arena amarillento que me impedía ventilarme. Qué felicidad por fin en Delhi, finalmente en India. Era el país más recomendado por mi padre, un consumado viajero toda su vida. Con una vasta cultura, magnífico escritor y poeta con narrativas excepcionales de cada uno de sus viajes. Cuando preparábamos el viaje nos decía, "si no incluyen India, después se van a lamentar."

Por los últimos acontecimientos esta sería nuestra gran noche. Le dije a mi esposo en plan de chanza, bueno a ponernos bonitos y a recuperar la cena de anoche. Él me contestó con el mismo tono, – ¡claro que sí! me alegra que te haya cambiado la cara. –

Llegó el taxi y salimos a recorrer la India pletóricos de alegría. Eran las seis de la tarde, cuando nos llevaron al hotel dónde nos hospedaríamos. Me impactó ver la multitud de gente, carros, y vacas sagradas transitando sobre las grandes avenidas; Sin duda, era una ciudad de contrastes.

Arribamos al hotel y el recorrido no me pareció tan largo. Al llegar tuvimos que esperar una habitación ya que nuestra reserva era para días más tarde. Nos fuimos a conocer las instalaciones y los jardines. Estando en el jardín central, se encendieron las luces, cada luz estaba calculada para lograr hermosos efectos. Era un lugar de descanso, de meditación. Los colores de las luces y el movimiento del agua, lograban una armonía perfecta. Un joven se acercó a nosotros para invitarnos a la recepción, ya que nuestra habitación estaba disponible. Al llegar a la recepción, toda nuestra documentación estaba en orden. La estadía incluía un coctel de bienvenida, que preferimos tomar después de descansar un rato y darnos un merecido baño, ya que todavía teníamos el olor a granja, después de estar con tantos animales dentro del pequeño avión doméstico, en el que habíamos volado desde Katmandú. Mi esposo había planeado una bella sorpresa para mí. Me invitó a cenar en el restaurant gourmet que se encontraba en el último piso del hotel. Un lugar muy exclusivo. En el lobby, nos habían recomendado hacer las reservas para tomar los tours, de los días sucesivos. Al llegar a la oficina de turismo en la planta baja, encontramos muchas personas, huéspedes del hotel. La atención era excelente. Tuvimos oportunidad durante la espera de hablar con varias familias de origen Español-Venezolano, venían de Islas Canarias, habían vivido muchos años en Caracas. También estaban dos jóvenes norteamericanas, con las que más tarde coincidiríamos en un tour por la ciudad de Delhi y el Taj Mahal, famoso monumento funerario en la ciudad de Agra. Todos los trámites fueron muy rápidos y fáciles, estábamos felices de imaginar que tendríamos muchos temas de conversación con mis padres al volver a casa. Terminadas las contrataciones en el lobby del hotel, nos fuimos a descansar. En la habitación, todo lucía majestuoso, me encantaron los grandes ventanales de vidrio, bordeados con largas cortinas haciendo el marco perfecto para la magnífica terraza. Un agradable olor a esencias orientales, impregnaba nuestro aposento, sin embargo, esta no sería la habitación definitiva, ya que no tenía una cama para dos, sino dos individuales, separadas por una consola decorativa. Para el momento, era lo que estaba disponible y decidimos tomarlo.

Andrés me recordó que teníamos una cita a las nueve de la noche. Después de un buen baño, Ilusionados nos vestimos y estuvimos a tiempo para la cena del amor. Sería una cena gourmet recomendada por el Chef del hotel; con vino y Champan francés. Era el momento de celebrar nuestro aniversario. Nuestros veinte años de matrimonio. La cena transcurrió en un ambiente de velas, violín y piano. Casi a la media noche me trajeron una hermosa rosa de color fucsia. Me pareció un bello e inesperado detalle. Al terminar de cenar, el Maitre, el Sommelier y el Chef, nos despidieron y acompañaron hasta la puerta –todo fue realmente de lujo.- Le dimos gracias a Dios por este tiempo tan sublime, que nos estaba permitiendo vivir. Salí de ahí en las nubes, comentando lo delicioso de cada plato que saboreamos. Di gracias a Dios otra vez, ya que no tuvimos la presión de la noche anterior. Aunque nunca he olvidado a los niños en mis oraciones. Nuestro plan era pasear por los jardines, visitar los diferentes salones con sus hermosas columnas de mármol, luego ir un rato a la discoteca y finalmente dormir para recuperarnos del trajín del viaje. Al día siguiente nos levantaríamos temprano, con energía, para cumplir con la ruta trazada. Debíamos estar muy temprano en el Lobby del Hotel. El itinerario sería el siguiente: Recorrido por la ciudad, visita al Fuerte Rojo y otros monumentos importantes, luego almuerzo en el Hotel Imperial y en la tarde visita a la catedral Sigh.

Mientras esperábamos la llegada del elevador, desde el último piso apreciábamos los jardines internos del hotel. En ese momento se abrió la puerta del ascensor en el que encontraban dos hombres. Uno trigueño perfilado de la raza Sighs, con barba y turbante de color fucsia, como la rosa que tenía en mi mano y el otro hombre delgado, alto, blanco, pelo negro, elegante, vestido con ropa suelta de un lino fino, como con una túnica y pantalón blanco. Enseguida ambos se movieron para darnos espacio, saludamos cortésmente en inglés y entramos. Los hombres se disculparon porque supuestamente se habían equivocado de piso y nos respondieron igualmente en inglés. Yo estaba feliz por todos los detalles y lo mejor era que estaba en la India. Nos sonreímos con ellos y continuamos en voz baja hablando en español de la maravillosa cena, dándole nuevamente gracias a Dios por lo sucedido. De pronto, el hombre del turbante se dirigió a nosotros en perfecto español, preguntándonos de dónde éramos. Sorprendidos lo miramos y contestamos ambos a una sola voz, -de Venezuela. - el personaje abrió sus grandes ojos y dijo, - "caramba" ¡maravilloso! estoy buscando a alguien de ahí. Haberlo encontrado en un ascensor es ¡increíble!- Inmediatamente dijo, es usted la persona indicada, porque en este momento tengo un grave problema con Venezuela. Tengo pendiente el cobro de unas facturas millonarias, por la venta de un gran lote de bicicletas, por parte de mi compañía, al gobierno de su país. Yo soy el dueño de la fábrica de bicicletas más grande del estado de Punjab, para que comprenda mejor, el transporte popular en la India es la bicicleta y la población es de 1.200 millones de personas, debería nombrarlo embajador honorario de la India, para que me gestione el cobro ante el gobierno de su país, concretamente ante el Presidente Carlos Andrés Pérez. - Mi esposo en plan de chanza le contestó- "Yo a Usted lo nombraría embajador honorario de Venezuela, para que nos haga un buen lobby en la India y nos ayude a mejorar los precios del petróleo." Sonreímos nuevamente.

Curiosa le pregunté dónde había aprendido el español, con tan buena pronunciación, y su respuesta fue inmediata, - pues me busqué a la Lupita, una novia mexicana y me enseñó. Viví un año en México – continuó diciendo- he mantenido excelentes relaciones de negocios con México por muchos años. Cuando llegamos a la planta baja, después de la amena conversación, nos disponíamos a despedirnos y el señor del turbante amablemente nos invitó a conocer el restaurant Hindú del hotel. Aceptamos conocerlo por curiosidad, aclarando que solo iríamos a conocerlo porque acabábamos de cenar. El señor del turbante, contestó, - sí, sí, recuerden que yo hablo español, oí lo que conversaban. - Los tres nos sonreímos a excepción del otro señor que lo acompañaba. Llegamos a la puerta del restaurant, muy cortésmente nos invitaron a pasar primero. Andrés y yo entramos juntos y nos quedamos mudos al ver dos hileras de diez mesoneros de cada lado, perfectamente uniformados y con guantes blancos. A medida que entrabamos nos saludaban con una profunda reverencia, que consistía en una inclinación, acompañada de un movimiento del brazo derecho. Enseguida nos esperaba el Maitre, para ubicarnos en una mesa reservada por estos personajes. Indiscutiblemente que era emocionante, solo lo había visto en películas al igual que todo el protocolo de entrada. Los señores con los que llegamos, sin duda debían ser muy importantes. Los veía y me preguntaba a mí misma, ¿serán ministros, reyes, o capos? No sabía qué pensar. Al sentarnos nos invitaron a tomar un digestivo típico de la India, en ese momento el hombre del turbante se presentó formalmente diciendo: -Soy un empresario, nuestra familia tiene un complejo Industrial en el estado de Punjab, el rubro más productivo es la industria de la bicicleta. Soy el hijo mayor, -dijo con orgullo- sobre mi persona recae toda la responsabilidad de la compañía y los asuntos familiares. Lo bueno y lo malo. –agregó-

El otro hombre resultó ser un médico pakistaní, amigo personal del Sigh. Mientras el señor del turbante hacía una señal al mesonero, este solícito atendió su llamado, entonces le dijo en perfecto Inglés, lo suficientemente alto para todos oyeran. - La dama no merece una rosa, sino muchas.- No le di importancia a sus palabras. Minutos más tarde, mientras traían las bebidas, nos explican el sistema de cocción de los alimentos en India. Nos contaban que lo hacían en unos hornos cilíndricos verticales, subterráneos, con arena en el fondo. El proceso se llevaba a cabo a altísimas temperaturas. Fue una explicación muy interesante. Al momento vi regresar al mesonero con tantas rosas como le permitían sus brazos. Las puso sobre la mesa ante mí, acompañado de un teléfono inalámbrico, por si quería hablar con alguien en cualquier parte del mundo. En esa época me resultaba alarmante esa clase de lujos. En ese momento sentí que algo no iba bien. Me dije a mi misma, -¿esto qué es?- No estaba acostumbrada a recibir este tipo regalos, de un desconocido. No aguanté mi lengua y le dije a mi a esposo, -esto no me gusta- y me contestó, -"tranquila", seguro así son las costumbres de cortesía de estas personas- No te sientas mal. "Donde estés haz lo que vieres". Comencé a inquietarme y sin mediar más palabras, les pedí nos disculparan, pero debíamos retirarnos. Agradecimos su amabilidad, pero antes de despedirnos, le aclaré que en nuestro país no estábamos acostumbrados a tanta amabilidad de un desconocido. Nos despedimos y cuando nos retiramos tomé la flor que me habían dado antes, mientras cenaba con mi esposo en el restaurant. Le dije al señor del turbante, -me disculpa por no llevar sus rosas- Salimos comentando lo ocurrido. Salí un poco incomoda con la actitud del Jeque -ese fue el nombre que se me ocurrió- por lo ostentoso de su apariencia. Sentí que quería deslumbrarnos. Me hizo recordar a ese personaje que llegó a ser famoso en mi país y lo llamaban el "Jeque gozón" que con su imagen de millonario árabe todopoderoso, estafó a la mitad de la alta clase social de Venezuela, en esa época. Cuando le interesaba estafar a alguien, le regalaba relojes de oro, de marcas reconocidas o pequeños cocodrilos de oro. Mientras recordaba lo ocurrido, llegamos a la discoteca y nos recibieron muy amablemente. Nos ubicaron en una mesita muy romántica, en un sitio donde la música no era tan alta. La decoración del salón era muy moderna, elegante y lujosa. Ordenamos un trago. Nos gustó la música, era como una mezcla de ritmos occidentales, así que salimos a bailar. Me alegró mucho poder compartir con mi esposo, lejos de aquellos hombres. Estábamos distraídos y de repente los personajes volvieron a aparecer en la puerta de la discoteca, pero ahora era el Jeque, con un séquito de ocho hombres más. Con disimulo los ignoramos, hicimos que no los habíamos visto. Estábamos en la pista de baile y se acercó un mesonero para decirnos, - el señor... yo lo interrumpí - y le dije -perdón, perdón, disculpe, ¿quién es ese señor, el del turbante? - El mesonero respondió, -Él es accionista del hotel y viene todas las semanas desde su estado natal, tiene el gusto de invitarlos a su mesa y ordenó cerrar el local para ustedes. Yo no podía creer lo que escuchaba. De inmediato reaccioné y con el corazón acelerado le dije, ¿qué? eso no, ¿está loco? Entonces me asusté tanto que le dije a Andrés que si hacía eso, nosotros nos iríamos inmediatamente. Ya tanta amabilidad me estaba haciendo perder el placer de estar en ese lugar. Nos fuimos a nuestra mesa. Mi esposo fue hasta su mesa le agradeció la atención, pero le aclaró que nosotros no estábamos acostumbrados a ese tipo de pleitesías. Cerrar un local para nosotros era algo exagerado, y por otra parte nos teníamos que retirar pronto, para luego levantarnos muy temprano. Andrés regresó a nuestra mesa acompañado del Jeque, éste, aparentemente apenado por la errónea interpretación que había generado su invitación. Comenzó a explicarnos la situación religiosa-social de sus costumbres, donde se le prohíbe estar en este tipo de locales. Tenía prohibido ingerir bebidas alcohólicas, fumar y en su mesa no podía estar una mujer occidental, sin velo y con el pelo suelto. Nos pidió que le permitiéramos cerrar una parte de aquel lugar, sin afectar al resto de las personas que se encontraban ahí, ya que esa parte del salón, le daba cierta privacidad. Andrés aceptó, pero le recordó que sería solo un rato ya que teníamos compromisos muy temprano y estábamos cansados. Cuando mi esposo aceptó, me molesté mucho, pero no quería que nada empañara nuestra estadía en la India. Enseguida llegaron los mesoneros para movernos a su mesa, al llegar al sitio tuve un fuerte impacto, ya que todo estaba dispuesto y servido al estilo occidental más exquisito que haya visto. Sentí que quería deslumbrarnos con su opulencia. Había whisky

Royal Salut de 21 años, Champaña Francesa Don Perignon, habanos cubanos, canapés, caviar negro, etc. Al ver esto le comenté al médico pakistaní que acompañaba al extraño personaje, -su amigo me sorprende mucho por el doble discurso. Tengo la impresión que en nuestra cultura somos un poco más sinceros, todo esto me resulta falso. - Este comentario no fue bien recibido por el amigo médico y su respuesta fue radical - Si su padre lo ve aquí, lo mata. Él no puede compartir en ambientes como éste. Eso lo deprime con demasiada frecuencia, por eso cada semana se viene desde su estado natal Punjab a Delhi. Yo escuchaba, pero seguía sin entender su comportamiento. Además no me agradaba su actitud tan ostentosa, decidí ignorarlo. Continúe conversando con el médico pakistaní, lucía como una persona culta más centrada, y sencilla. Propuso darme una explicación histórica, para que pudiera entender mejor la situación religiosa, socio-política y económica, del país. Comenzó por el período histórico de la India, los Arios que habitaban la meseta de Parir en el Asia Central, emigraron divididos en dos ramas: Arios - Iraníes y Arios - Indios. Unos Arios arribaron por el noreste y ocuparon la región de Punjab, extendiéndose más tarde hacia la región del Ganges. En Libros Sagrados llamados Los Vedas, se encuentran los fundamentos de la religión, que trajeron consigo las oleadas migratorias del siglo VI A.C. y sometieron a los pueblos que habitaban la región. Vivían bajo la figura de reinos como es el caso de los Panchalas y el de los Korus, de gran poderío en cada una de sus épocas. Los Korus dieron origen a la religión Védica. Se consolidó el hinduismo y el sanscrito clásico llegó a transformarse en lengua nacional de la India, siendo utilizado por 2000 años. Hacia finales de siglo aparecieron nuevas doctrinas religiosas e ideológicas entre ellas el budismo. Este transformó el clima intelectual poniendo fin al periodo védico. Al mismo tiempo nacieron dos importantes reinos, el de Kosala y el de Magadha, este último reino en vida de Buda, estaba gobernado por Bimbisara. Se implantó una política de expansión y sus seguidores lo continuaron. Mientras, en el noreste los persas habían invadido el reino de Gandhara, para luego ser ocupado por Alejandro Magno. El periodo Védico fue el primer periodo del nacimiento de la India. Luego vino el periodo Brahmánico, caracterizado por tener dos épocas la pre-búdica y la búdica. El formalismo excesivo de los brahmanes, la casta más privilegiada de las cuatro castas existentes en la India. Las constantes luchas entre las castas, provocó confrontaciones tan profundas, que se impuso el Budismo. De las continuas luchas entre Budismo e Hinduismo representado por los brahmanes, surge el periodo literario, científico, artístico que marcó un hito en la historia de la India. Durante el siglo II A.C se produjeron profundas luchas que dieron lugar a la división de la India en varios estados. La India recibió muchas migraciones árabes. -El médico pakistaní, seguía contando- que en el siglo X se produjo la conquista por los afganos; en el siglo XII la invasión de los mongoles, los cuales se establecieron en la India por tres siglos. No fue hasta el siglo XIV que los musulmanes se establecieron definitivamente, bajo el dominio Musulmán. En el siglo XV llegaron al Indostaní. Los Portugueses fueron la primera nación europea en establecerse en la India, así sucesivamente fueron llegando los holandeses, franceses e ingleses. Tanto franceses como ingleses establecieron en las India Continental numerosas fábricas mediante la famosa compañía de las indias occidentales. Los ingleses prevalecieron, y en 1757 tras haber vencido al Nabab de Bengala, quedaron como dueños únicos de la región. Posteriormente su dominio e influencia se fue extendiendo por todo el subcontinente. En 1772 nombraron a Warren Hantings, primer gobernador con sede en Bengala, poniendo a todo el Subcontinente Indio, bajo el dominio Británico, pese a la férrea resistencia de la población nativa especialmente los Sighs en la región de Punjab. En 1857 el dominio Ingles se vio en peligro por la sublevación de los Cipayos, soldados del ejército Bengalí, estos eran los primeros soldados entrenados y utilizados por los británicos para imponer su dominio. Después de someter al Nabab de Bengala, los británicos crearon el ejército Cipayo. En ese mismo año se formó una rebelión civil. Una situación muy grave para la soberanía Británica. En 1858 la India que había sido gobernada por intermedio de la compañía Inglesa de las indias orientales producto de la insurrección, fue disuelta y todos sus bienes pasaron a la Corona Británica. En 1876 se le confirió al gobernador general el título de Virrey y a la reina Victoria el título de Emperatriz de las Indias. Con la administración imperial se produjo mejoras en las políticas para el país. Se le permitió mayor participación en el gobierno a sus naturales, pero no lo suficiente para convencerlos de cambiar sus ideas de independencia. Durante la segunda mitad del siglo XIX se incubo un importante movimiento nacionalista. En 1885 se constituyó el partido del Congreso Nacional de la India, organizado por prominentes personalidades Hindúes, cuyo principal fin era el análisis y estudio de los problemas políticos del país. Pronto surgieron grupos políticos preconizadores de acciones violentas contra la dominación Británica, lo que dio lugar a numerosas actividades terroristas. Se profundizaron las diferencias entre hindúes y musulmanes, estos últimos muy temerosos del predominio numérico de los hindúes. Se incrementaron las acciones violentas y dieron lugar a la creación de la Liga Musulmana. El objetivo era fundar el Pakistán o Conferencia de los Estados Independientes Islámicos. En 1947 se creó constitucionalmente el Indostaní y el pakistaní. En 1950 la India se declaró Republica Federal dentro del ámbito de la comunidad de Británica de Naciones. Desde 1914 hasta 1918 se produjo la participación de tropas Indias en la Primera Guerra Mundial actuando eficazmente y conjuntamente con la administración Inglesa. A pesar de las grandes diferencias con el partido del Congreso Nacional, después de la guerra Inglaterra, accedió a prepararse para otorgar la independencia a la India; a raíz de esta participación y a pesar de las diversas reformas introducidas por Inglaterra en el gobierno de la India continuó el fermento nacionalista. Surgió como figura emblemática de las ideas nacionalistas el gran líder de masas MOHANDAS KARAMCHAND GANDHI llamado popularmente Mahatma Gandhi. En 1947 los Británicos concedieron la independencia a la India mediante la creación de los dominios de la India y Pakistán, al establecerse, estas entidades políticas quedaron divididas prácticamente por mitad, tanto en Bengala comoPunjab, trayendo como consecuencia migraciones en masa así como crueles matanzas.

Después de escuchar atentamente aquel intensivo de historia, le pedí al médico me disculpara, porque quería tomar una foto, y conservar el testimonio fotográfico de aquel momento, con tan mala suerte que se terminó el rollo de la cámara, así que la apagué y la coloqué en su estuche. No dije nada, pero el Jeque se dio cuenta, de inmediato llamó a alguien, y me dijo, -ahora mismo le traen un film nuevo.- Incrédula de que estuviese tan atento a mis movimientos, le di las gracias y le respondí, - no se preocupe, no es importante.- Haciendo caso omiso a mi comentario, ordenó al mesonero que llamara al gerente del hotel. Me pareció ridículo, pero al momento se presentó el Gerente. El Jeque le dijo, - Por favor traiga un rollo para la cámara, como atención especial a mis amigos de América.- El gerente asintió con la cabeza y se fue. Todo esto me pareció absurdo, quizás estaba demasiado cansada para entenderlo. En fin, ya todos en la mesa estaban enterados de que a la cámara le faltaba un rollo.

De inmediato pregunté la hora y me dijeron que ya eran las dos de la madrugada. El tiempo pasó y no me di cuenta, ya que estuve entretenida oyendo la amena e hilada narrativa, del doctor pakistaní. Le insistí a mi esposo que era hora de irnos, me contestó que lo haríamos, tan pronto llegara el rollo para la cámara. Llamaba mi atención la actitud del gerente; lo observé por un momento, tenía apariencia de europeo; era alto, blanco, de cabello negro y nariz perfilada; lucía impecable y rígido. Me parecía que que estaba molesto, y con toda razón. -¿A quién se le puede ocurrir, ordenar un rollo de cámara a las dos de la madrugada? probablemente estaba molesto por la excentricidad, del impertinente Jeque. Sin embargo, minutos después regresó con el rollo, lo entregó, se disculpó y se marchó.

Tomé algunas fotos con la condición de que el Jeque no apareciera; él mismo se ofreció a quedarse con el rollo para que lo revelaran al día siguiente y entregarnos las fotos después de los paseos programados para ese día. El médico me pidió le permitiera terminar su interesante exposición. Yo, temía quedarme dormida ahí, pero mi esposo estaba demasiado entretenido conversando con el Jeque, así que no tuve alternativa, sino esperar y escuchar otra parte de la historia política de la India. El médico pakistaní, con tono catedrático continuó diciendo: -Una vez declarada la independencia de la India en 1950, que se inició, durante la administración de Jawaharlal Nehru , se declaró Republica Soberana y paso a formar parte de la Comunidad Británica de Naciones. Adoptó un lineamiento político neutralista y pacifista en lo internacional, pero mantuvo una posición agresiva hacia Pakistán. Al morir Nehru en 1964 ocuparon el cargo de Primer Ministro Lal Bahadur Shastri e Indira Gandhi, hija única de Nehru, ambos del partido de congreso. En 1977 con el triunfo del partido Janata es destituida Indira Gandhi, por Morarji R. Desai, pero tras la renuncia de este en 1979 vuelve Indira Gandhi al poder por elección en 1980. Yo estaba fascinada de la fluidez y precisión con la que el médico recordaba fechas y eventos históricos de su nación. Era digno de admirar, de hecho, hasta el sueño se me quitó. El continuó diciendo, - toda nuestra historia gira alrededor del tema religioso, social y económico-. Lo que para nosotros como occidentales es natural, para ellos es una grave trasgresión de sus normas y principios religiosos. En lo social no hay una homogeneidad lingüística, hablan aproximadamente 1.600 dialectos, 220 idiomas de los cuales 14 son de mayor importancia nacional. El 74% de la India vive en la zona rural, una de las más grandes y pobres son Calcuta y Mumbai, antes Bombay. Las clases pudientes, las castas superiores y la clase gobernante habla inglés, como consecuencia de los 200 años de ocupación Británica. El idioma predominante es el Hindi adoptado como idioma oficial. Lo más curioso es que menos de la mitad de la población lo entiende. La India es uno de los países más influenciados en la sociedad actual por su pasado, el cual se remonta por lo menos 2000 A.C. El estado creado por la trilogía Hindú encierra a las personas en un rol inmutable, determinado por su nacimiento, es decir, son segregados en castas. Esta situación es rechazada por los Sighs radicalmente. El médico pakistaní hizo una breve pausa y me preguntó, -¿a qué religión pertenece?- le contesté, -a la religión Católica.- Entonces comentó, que hasta el Papa Juan Pablo II había hecho comentarios al respecto criticando directa e indirectamente la discriminación en general. Criticó directamente el sistema de castas vigentes en la India, sin embargo, el sistema de castas contribuye a exacerbar los numerosos problemas sociales del país asiático, negando la dignidad humana de grupos enteros de personas. En cuanto a la situación de estas personas que han tenido la desgracia de haber nacido bajo este régimen de condiciones inmutables, existen cuatro castas y más de mil sub-castas. La división entre los grupos sociales es muy marcada. En la India, el antiguo sistema de castas sume a millones de personas en una pobreza degradante, en perjuicio de sus derechos más elementales. Decía el médico Pakistaní que cambiar estas costumbres llevaría años, ya que lo fundamental era el cambio de mentalidad, por lo que se necesitarían muchas campañas de concientización y grandes sufrimientos.

Durante siglos, los intocables de Poliyad aldea del distrito de Ahmadabad, al oeste de la India, habían sabido guardar las distancias. Muchos de sus habitantes recolectaban basura, aseaban retretes de las castas superiores o trabajaban en el campo, por menos de un puñado de arroz al día. El médico pakistaní, comenzó entonces a contarme la historia de un joven de veinte años cuya casta debía mantenerse alejada de las castas superiores, así como de las castas inferiores. Este joven desde pequeño trabajaba en la aldea Poliyad, donde el té era servido en tazas sucias, rotas y diferentes a las de los superiores. Además estaba obligado a lavarlas, y debía caminar quince minutos para traer el agua, que le era permitida usar, ya que se les prohibía abastecerse de los grifos de la aldea; Estos últimos son usados solo por los de las castas superiores. El joven aseguraba que no eran admitidos en los templos; cuando iba a la escuela él y sus amigos debían sentarse fuera de la escuela. Los niños de las castas superiores no les permitían tocar el balón con que jugaban, por lo que ellos, si jugaban, lo hacían con piedras.

Veinte siglos de discriminación donde la sexta parte de la población de la India soportaba el peso de un sistema de castas existente desde hacía más de 2000 años y promulgado por la ideología Hindú. Aunque el término de intocable fue abolido en 1950 en la Constitución de la India, los Dalits o personas oprimidas, como se les llamaba, continuaron siendo discriminadas. Se les negaba el derecho a la propiedad de la tierra, trabajaban en condiciones degradantes, siendo atacados sistemáticamente por la policía y por los grupos de defensa de las castas superiores los cuales disfrutaban de la protección del Estado. En la ciudad de Bihar ubicada en la zona de Punjab, las mujeres se organizaban para defender sus derechos. Los Sighs son unos férreos luchadores por la eliminación de las castas; este tema lo repitió con vehemencia varias veces durante nuestra conversación. En cuanto a la parte religiosa, en ese tiempo prevalecía el Hinduismo en un 80%, Musulmanes 11%. Cristianos, 3% aproximadamente. Los Sijes son una combinación de Islam e Hinduismo a pesar de ser el grupo étnico-religioso minoritario que más influencia ejerce en el gobierno de la India.

Después de escuchar todo esto, me agrado oír tanta información directamente de un personaje autóctono, sin embargo, noté que el médico estaba radicalmente mediatizado de la cultura occidental e igualmente del liderazgo de la señora Gandhi. En ningún momento dejó de manifestar sus desavenencias con la política desarrollada por ella sobre el Estado de Punjab y además, le desagradaba la idea de que fuese intocable, por su origen social divino, al descender de los brahmanes. Repentinamente interrumpí la amena charla entre mi esposo y el Jeque, con la excusa de que ya estaba amaneciendo y teníamos compromisos. En ese momento el médico me hizo una observación directa, diciendo, -esa forma de proceder es una conducta impropia de una esposa frente a su esposo, lo agrava haberlo hecho en público. - Lo miré y casi me río en su cara, pero considerando la ocasión, le aclaré, que esa era una conducta totalmente normal para nosotros los occidentales. En ese momento nos levantamos de la mesa y nos despedimos. El Jeque y sus amigos hicieron lo mismo. Pensé que nos iban hacer otra ceremonia de despedida. Al jefe del grupo se le ocurrió la absurda idea de invitarnos a esa hora de la madrugada a su habitación, para que conociéramos la distribución y como se desarrollaba la vida en el hotel, para los huéspedes orientales. Quería enseñarnos la decoración externa e interna, las mismas están ubicadas en los pisos superiores. Para nosotros fue una sorpresa enterarnos que el hotel estaba dividido por culturas. Desde el piso siete hacia arriba eran al estilo oriental. Mi esposo atraído por la oportunidad, nuevamente aceptó la invitación. Expresé mi descontento por la hora que era, pero casi sin pensar subimos al piso siete, donde estaba la habitación del Jeque. Parte del grupo que estaba en la mesa del restaurant, subió con nosotros, es decir, el grupo era de siete personas y yo era la única mujer. Las puertas estaban decoradas con clavos de bronce, bordeados de color negro. Al entrar al salón, me llamó la atención ver que estaba totalmente alfombrado desde el piso hasta el techo. No había camas, ni muebles convencionales. El lugar estaba impregnado de un agradable olor a sándalo. Durante la visita el Jeque le explicó a mi esposo todo lo referente al turbante que llevaban los hombres de su raza. En este caso él llevaba uno de color fucsia. Esta prenda tiene un sentido religioso y cada color representa algo específico; la colocación es un acto de destreza y habilidad; está hecho de una especie de gasa o malla fina, con una extensión de aproximadamente siete metros de largo. El Jeque comenzó a mostrarnos, como colocar el turbante y sosteniendo un extremo con la cerradura de la ventana, comenzó a moverse en lo que parecía una danza de movimientos circulares, hasta lograr un diseño casi perfecto, sobre su cabeza. Luego se lo retiró y se lo puso a mi esposo, diciendo que se lo obsequiaba como recuerdo de aquel encuentro; le explicó además, que se trataba de una pieza sagrada y con ese respeto lo debía recibir y conservar. Mi esposo agradecido lo tomó en sus manos, con solemnidad, mientras tanto yo, agradeciendo el gesto continuaba insistiendo en que era tarde y debíamos retirarnos a descansar. Cuando finalmente salíamos de aquel lugar, el Jeque se aproximó para despedirnos y nos invitó a un desayuno en su habitación, a las siete y media de la mañana. De inmediato repliqué que eso no sería posible, antes de que mi esposo respondiera, a sabiendas de que era un comportamiento imprudente. No tuve suerte, mi esposo aceptó inmediatamente la invitación.

Yo pensaba en nuestro plan turístico por la ciudad de Delhi. Me sentí muy molesta de que hubiese aceptado la invitación, de una forma tan arbitraria; parecía hipnotizado por aquellos hombres y no había forma de que me escuchara. Cuando salimos de la habitación, mi esposo traía el turbante fucsia en sus manos.

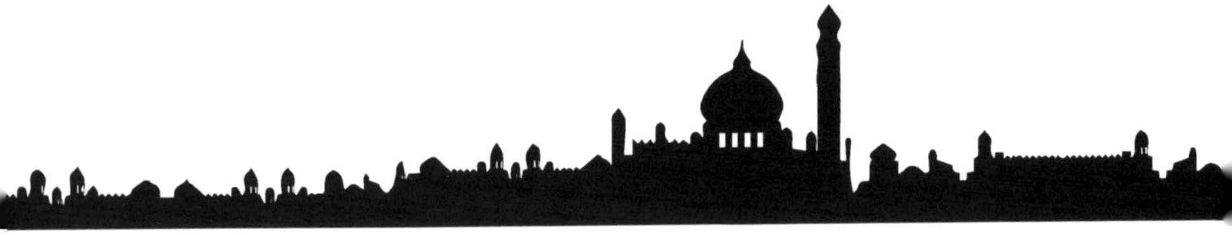

El día que se estremeció la India

Era lunes, primer día de Noviembre de 1984, comenzábamos la semana de una forma un poco extraña, como casi todo lo que había sucedido la noche anterior, a excepción de la romántica velada, con la que llena de ilusión, comenzó mi tan anhelada celebración. Sin importar lo breve que fue, mi corazón siempre la mantuvo en el baúl de los recuerdos gratos.

Me levanté y mientras tomaba una ducha, sonó el teléfono de la habitación y de forma apresurada, me cubrí con la toalla y atendí. Era la voz del Jeque, preguntando por mi esposo. Me atreví a decirle que no podríamos aceptar su invitación a desayunar, tal como se había dispuesto en la madrugada, pero esta vez tampoco tuve suerte, ya que mi esposo había levantado el teléfono auxiliar y de inmediato, casi pisando mis palabras confirmó la invitación, con la salvedad de que debíamos hacerlo temprano, ya que a las 9:30 de la mañana nos estarían esperando la familia venezolana y las jóvenes americanas, con quien haríamos el tour por la ciudad.

No puedo negar lo frustrada que me sentí, al darme cuenta que nuestro plan original había sido interrumpido por estos personajes misteriosos y sin derecho a réplica, no había forma de dar marcha atrás. Mi intuición continuaba dando alarmas, anunciando que algo malo se avecinaba. Por otra parte, el ambiente festivo y de celebración con mi amado esposo, se había tornado tenso y desagradable. Decidí acceder a la petición de subir a desayunar, con la condición de que bajaría a tiempo para encontrarme con el resto del grupo.

Habíamos dormido pocas horas, la ducha no fue suficiente para refrescar mi mente, y lo próximo sería vestirnos e ir al famoso desayuno. Subimos al piso siete y cual sería mi sorpresa, cuando al entrar a los aposentos del Jeque, lo primero que observé fue a un grupo de militares uniformados, sentados en el piso; no todos llevaban turbante. Me abrumó la idea de saber, que nuevamente era la única mujer en el grupo. Consternada miré a mi esposo, tratando de compartir mi incomodidad, pues sin duda, ese no era un lugar adecuado para mí. Él por su parte, se encontraba imbuido en la emoción que le causaba ser parte de aquel prestigioso y exclusivo grupo de personas. Pasé adelante y con vergüenza, me senté en el escalón de lo que parecía un pequeño escenario alfombrado. Recuerdo que llevaba puesto un vestido seda amarillo, especialmente confeccionado para mi visita a la India. No era tan largo, por lo que sentarme y ocultar mis rodillas, parecía una tarea casi imposible. Me intimidaba aquella extraña reunión de hombres hablando en su lengua, que por supuesto, yo no entendía. El comportamiento gestual de cada uno, me sugería que tramaban algo. No había movimiento alguno de comida. Indignada pregunté a mi esposo a qué hora comeríamos, ya que el tiempo pasaba y pronto serían las nueve de la mañana, hora de reunión con nuestros amigos. El jeque continuamente hacía llamadas telefónicas, en las que supuestamente ordenaba que subieran el desayuno, pero eso no sucedió. Tal como pensé, llegó la hora de bajar al lobby y sin vacilaciones caminé hacia la puerta de la habitación; por primera vez en todo ese tiempo, mi esposo me siguió, despidiéndose con la excusa de que era tarde y teníamos que irnos. No tardó en levantarse todo el grupo de hombres y junto al Jeque, salieron detrás de nosotros. Tomamos el ascensor y entraron los que pudieron. El Jeque pulsó el botón para descender y creímos que había marcado el que nos llevaría hasta el lobby, pero no fue así. El ascensor abrió en el quinto piso, donde se encontraba nuestra habitación. Todo el grupo que nos acompañaba también salió. Mientras tanto, el Jeque le pidió a mi esposo, que por favor le permitiera hacer una llamada desde nuestra habitación. Más que una petición, parecía una orden, porque sin esperar respuesta, todos se encaminaron hacia el cuarto y mi esposo les abrió la puerta sin reparos. Yo no podía comprender que estaba pasando, y comencé a preguntar por qué tenía que llamar desde nuestra habitación, -- ¿Cómo era posible que alguien con todos los lujos que ostentaba, no usara el teléfono inalámbrico, con el que había tratado de impresionarme la noche anterior en el restaurant?-- Me parecía irrespetuoso que todos esos hombres irrumpieran de esa manera en nuestro espacio. Estábamos a merced de unos desconocidos que habían arruinado nuestras vacaciones.

Una vez dentro de la habitación, el Jeque tomó el teléfono e hizo una llamada. Yo permanecía de pie al lado de la cama y mi esposo, del otro lado. Tan pronto el Jeque comenzó a hablar por el auricular, noté como se dibujaba una sonrisa de júbilo en su cara. Le pregunté, -¿Qué pasó, sucedió algo? Él me respondió con tranquilidad, -- nada, parece que hubo un atentado frustrado en contra de la Señora Gandhi, pero ella está fuera de peligro, ya la están atendiendo.-- Me desconcertó la cara de satisfacción que puso al oír el mensaje telefónico, especialmente tratándose de una noticia como esa. Al terminar su llamada, colgó el teléfono y nos dijo que la señora Indira Gandhi había sufrido un atentado leve y que estaba herida, pero que no era nada grave. Sin saber exactamente lo que pasaba, mi intuición gritaba que algo muy malo estaba sucediendo, además, no le creí cuando dijo lo del "atentado leve".

De repente, todo comenzó a cobrar sentido para mí. Las sensaciones que había tenido con respecto al Jeque y sus amigos, no habían sido nada buenas. No lograron en ningún momento convencerme o impresionarme con sus atenciones. Algo me decía que todo lo que brillaba no era oro, y no me equivoqué. De inmediato me invadió el pensamiento de que éramos una coartada y que podían involucrarnos en algo malo, pero mi esposo estaba muy tranquilo y seguía hipnotizado con las palabras del Jeque. Me angustié mucho, volví a preguntar acerca de lo sucedido a la señora Gandhi, pero el Jeque nos aseguró que estaba viva y que todo no dejaría de ser más que un incidente sin importancia.

Se hizo tarde y no logramos reunirnos con nuestros amigos, así que perdimos el tour reservado el día anterior. Le dije a mi esposo que no quería salir del hotel, pero él insistió tanto, que finalmente accedí. En cuestión de minutos, había un carro esperándonos en la puerta del hotel. Mi esposo me prometió que si veíamos algo extraño regresábamos inmediatamente, cosa que no ocurrió. Al salir se nos dijo que haríamos un recorrido por la ciudad, pero no fue así. La ciudad estaba convulsionada, había mucha gente en la calle. El chofer tomó la que conducía al aeropuerto doméstico donde años antes había sufrido un accidente fatal, el hijo menor de la señora Gandhi. Justo al lado se encontraba el hospital donde atendían a la Señora Gandhi del supuesto "atentado leve". Desde que salimos del hotel comprendí que había sucedido una gran tragedia, ya que en los rostros de las personas se dibujaba la angustia y al pasar golpeaban el carro y nos miraban con rabia. Al llegar al aeropuerto todo el personal estaba aglomerado comentando los acontecimientos, ya que los vuelos fueron suspendidos por razones de seguridad. Todas las personas ahí presentes pudieron darse cuenta de nuestra presencia, éramos los únicos occidentales en ese sitio. Ellos se encargaron de que nos observaran.

El chofer de la limosina en la que salimos del hotel era nativo de Punjab, usaba como distintivo de su estado una pulsera de plata en el brazo derecho. El guía nativo de Punjab usaba su turbante de la raza Sij. Como mencioné antes, siendo turistas, era muy obvia nuestra presencia en el aeropuerto y aún más, al vernos indagando acerca de la salud de la Señora Gandhi. Por un momento pensé que mis nervios me estaban traicionando y en todo momento quería regresar. Un piloto, primo del guía y del Jeque le preguntó a mi esposo si podía venir con nosotros, ya que no habría trabajo y él era un amante de la historia de la India, así como de la historia Universal y quería compartir con nosotros. El Piloto comenzó dándonos información de la situación socio-política, económica y de la represión gubernamental que originaba el descontento de la población. También nos informó que era familia del Jeque, sí, del mismo que nos metió en todo este enredo.

Como parte del recorrido llegamos al Fuerte Rojo, donde pudimos apreciar la arquitectura finamente trabajada y los diseños de mármol, en color rojo intenso. Al llegar pudimos observar a un hombre levitando, parecía un acto de magia, pero no, era real; su cuerpo estaba bastante separado del piso y además permaneció así por bastante tiempo. Recorrimos el Palacio y seguimos a la Catedral de los Sijes, el recibimiento fue una locura, ya que al bajar del auto, decenas de niños se agolparon alrededor de mí, les gustaba el color de mi pelo, creían que era una artista famosa. Sentí miedo por la algarabía y la ansiedad con que los niños me seguían. Me apresuré para entrar al templo y al llegar a la puerta, un sacerdote me indicó que debía quitarme los zapatos, colocar mis piernas en posición de adoración, y cubrir mi cabello con un velo, como señal de respeto. Al ver que yo no tenía nada con que cubrirme, el me dio un pedazo de tela desteñida y un poco sucia, pero sin objetar, la puse sobre mi cabeza. Estuvimos más de una hora en ese lugar. Luego continuamos al palacio Imperial, donde tendríamos un almuerzo en medio de una feria de libros. Con mis nervios de punta, aproveché para ir al baño y refrescarme un poco y además hacer una oración. Mi mente y mi alma estaban inquietas, por alguna extraña razón, tenía miedo. Al regresar del baño noté que mi esposo me esperaba en el pasillo y su semblante era tenso y muy pálido. Tenía un libro en las manos. Sus ojos estaban llenos de angustia y casi en un susurro me dijo que estábamos en un gran problema. Lo miré aterrada, ya que esto confirmaba mis presentimientos. Mi esposo continuó diciendo, --amor, ellos están metidos en el atentado a la señora Gandhi- Yo sentí que me iba a desmayar. Nosotros estábamos acompañados de los presuntos cómplices o quizás autores de aquella desgracia, sin poder escapar de ellos. Regresamos a la mesa donde se encontraban el piloto, familiar del Jeque y el chofer, quienes con muy buen humor disfrutaban del almuerzo, en modo celebración. Yo no comí nada, solo quería irme de ahí. Le dije a mi esposo que una vez regresáramos al auto, por favor se sentara conmigo en el puesto de atrás, ya que durante el recorrido anterior, él iba filmando desde el asiento delantero. Debíamos tener fe y calmarnos. Estando sentados, mientras los demás comían, llegaron llorando las dos jóvenes norteamericanas con las que debíamos haber hecho el tour de Agra, horas antes; estaban acompañadas de su chofer y guía. Ambas nos comentaron de las inconveniencias de ida y vuelta al monumento funerario, ocasionadas por el movimiento de gente en las calles. Venían con un periódico dónde se anunciaba en primera página, la muerte de la señora Indira Gandhi. Una vez confirmado el secreto a voces, del que seguro tenía conocimiento el Jeque, cuando hizo la llamada desde nuestra habitación. Nuevamente mi esposo y yo nos miramos y esperamos mientras todos se disponían a regresar al carro. Una vez allí, le pedimos al chofer que por favor nos llevara al hotel inmediatamente, pero eso no sucedió. El carro comenzó el recorrido y por los últimos eventos ocurridos, había un gran despliegue policial en el área. Con mi corazón acelerado, saqué coraje de no sé dónde y le dije al piloto, primo del Jeque: -Ustedes sabían lo de la Señora Gandhi y nos engañaron.-- Él no contesto nada, ni siquiera me miró. Andrés nuevamente pidió al chofer que nos llevara al hotel lo más pronto posible, pero el chofer inesperadamente giró el volante y a toda velocidad tomó otra ruta, traspasando el cerco policial y desviándose nuevamente al aeropuerto doméstico donde habíamos estado más temprano. A lo lejos veíamos una nube de polvo amarillo como el de Katmandú. Mientras nos acercábamos, vimos que se trataba de una gran cantidad de gente, aproximándose a la limosina. Estábamos atrapados. Aterrados vimos a la turba enardecida, que sin darnos tiempo a reaccionar, estaba sobre nosotros. La muerte era inminente. Comenzaron a treparse por la parte delantera de auto, rompiendo todos los vidrios. El techo crujía, los pedazos de vidrio volaban, las gotas de sangre saltaban por doquier. De repente, la puerta de mi lado se abrió y mi esposo me empujó muy fuerte hacia la calle.

Cuando estuve en el piso, cayó un libro que me había dado el piloto a la hora del almuerzo. Ese libro irónicamente contenía el juicio sumario realizado a la puerta del Templo de Oro en el mes de Junio del año anterior, cuando Indira Gandhi ordenó a su ejército, entrar al Templo a sangre y fuego, matando a cientos de ciudadanos de Punjab, principalmente Sijes. Murieron entonces mujeres y niños, así como su líder Jarnail Sigh Bhindranwale, al que llamaban el Khomeimi de los Sijes. A la señora Gandhi le hicieron un juicio sumario público, donde fue condenada a muerte.

Yo estaba tirada en la calle, en medio de toda aquella confusión, había perdido un zapato, y sentía como me halaban el cabello. Creí que era el final. La gente pasaba por encima de mí, golpeando y pateando por todas partes. Me gritaban "gringa" por mi aspecto occidental y mi cabello rubio. Yo también gritaba desesperada, y les decía –¡I'm venezuelan tourist, please help me!– Les gritaba que me ayudaran, que mi esposo iba en el carro, que nos ayudaran, que habíamos sido víctimas de un complot, que nos engañaron. Nadie entendía, solo se escuchaba: – "Kill her, kill her" – Pude sentir la rabia de la gente, me miraban con odio. Intenté reincorporarme y del otro lado de la calle, vi acercarse a un hombre muy alto, que me hablaba en su idioma, y yo de una forma muy extraña, le entendía. Él me daba instrucciones de cómo salir de ahí y refugiarme en un lugar seguro y al mismo tiempo me levantaba y protegía, colocándome contra una pared, para evitar que siguieran golpeándome. Yo insistía que ayudáramos a mi esposo, y aquel hombre ordenó a la turba que abrieran paso y dejaran pasar a mi esposo, y entre la muchedumbre lo vi venir aturdido, a mi encuentro. De pronto, se escuchó una explosión y hubo fuego. El carro donde veníamos estaba en llamas. Yo estaba aterrada. Todo parecía una pesadilla, de la que deseaba despertar. Estaba tan confundida, que no sabía si estaba alucinando o quizás ya había muerto y nos estábamos encontrando en otra esfera. En efecto, mi esposo había logrado salvarse de la explosión y se reunió conmigo nuevamente. Nos tomamos de la mano y seguimos las instrucciones de aquel hombre, que parecía un ángel dentro de aquella escena de terror en la que nos encontrábamos. Corrimos en dirección al aeropuerto doméstico, que estaba a poca distancia y nos refugiamos ahí. Al llegar a la puerta, yo estaba llena de sangre, sucia y sin zapatos. Había un hombre grande parado allí y nos detuvo para preguntar por qué estábamos con ellos, me miraba a mí como acusándome, yo miraba a mi esposo y el no pronunciaba palabra, estaba mudo. Del otro había un grupo que me extendía las manos y me pedía que me fuera con ellos porque corría peligro. Todo aquello era terrible. Con miedo, me arriesgué y decidí seguir al hombre grande, que resultó ser el director del aeropuerto. Andrés seguía mudo, estaba en shock. De inmediato el director nos llevó a una pequeña oficina y nos hizo firmar un papel para librarse de toda responsabilidad, estábamos a la buena de Dios. Tan pronto firmamos, nos llevaron a un área restringida, sin duda, nuestras vidas estaban en peligro. No podíamos distinguir quien era enemigo y quién no. Pedimos hacer una llamada a nuestra embajada. Esto había tomado dimensiones extremas y decidimos recurrir a nuestro derecho como turistas. En ese punto, no sabíamos si lograríamos salir vivos, pero mantuvimos la esperanza. Nos permitieron hacer la llamada a la embajada de Venezuela, con la condición de que habláramos en inglés. Así lo hicimos. Andrés recuperó la voz. El embajador interino se encontraba en el despacho. Vivíamos un milagro tras otro, porque justamente quien nos atendió la llamada, era alguien conocido. Al identificarse ambos por sus nombres, se dieron cuenta que eran amigos. Mi esposo en ese tiempo, era el dueño de la cadena radial más importante de Venezuela. Él conocía a mucha gente, ya que la radio, era uno de los medios de comunicación con mayor credibilidad en nuestro país. Escuchar la voz de ese amigo, se convertía en una posibilidad de salvarnos. El Embajador no podría trasladarse al aeropuerto, porque había un toque de queda, pero pidió que nos escoltaran de vuelta al hotel, hasta que el llegara. Tenía que trabajar en las exequias de la señora Gandhi, representando a todos los países de américa latina y debía hacer acto de presencia en el funeral.

Fueron momentos de mucha tensión. Después de esperar un rato sin hablar con nadie, como se nos había ordenado, nos informaron que asignarían una escolta policial, para que nos llevaran al hotel y nos dejaran ahí, hasta la llegada del embajador. No pasó mucho tiempo y nos vinieron a buscar. La escolta policial resultó ser un par de jovencitos temerosos, harapientos y llenos de polvo amarillo. El transporte en el que seríamos trasladados, era una motocicleta pequeña para cuatro personas. Yo no podía creer aquello. Pero dada las condiciones, era lo que probablemente nos permitiría, acercarnos a la posibilidad de salvarnos, sino moríamos antes en el recorrido. No teníamos nada que perder, nos montamos en aquellas pequeñas motos y fuimos al hotel. La ciudad estaba destrozada por las turbas. Había carros quemados, vidrios y humo por todas partes. Los negocios comerciales, especialmente las lavanderías cuyos dueños pertenecían a la religión Sij, estaban completamente quemados, con gente y todo. El escenario era macabro. Nosotros seguíamos avanzando y rogando que no tuviéramos que enfrentar alguna turba en el camino.

Finalmente llegamos al hotel; en la puerta, nos esperaba el gerente. Cuando nos vio, sin siquiera saludar, nos preguntó: – ¿Por qué andaban con ellos? – esa misma pregunta me la había hecho yo tantas veces desde que comenzó toda esta pesadilla. Con cara de preocupación el gerente nos acompañó a la habitación y nos explicó que no era seguro permanecer ahí. Al abrir la puerta, notamos como la larga cortina del ventanal, se levantaba con la brisa, casi rozando nuestras caras, eso indicaba que alguien había estado allí, no era normal que la ventana estuviese abierta. De inmediato, el gerente observó el turbante que se encontraba sobre la consola y preguntó qué hacía eso ahí, mi esposo le respondió que el Jeque se lo había regalado y el gerente con cara de preocupación le contestó que eso era imposible, ya que por ser una prenda sagrada, no estaba permitido hacer eso. Tan rápido como pudo, corrió hacia el closet y tomó unas bolsas plásticas de lavandería, envolvió el turbante y nos dijo que había que deshacerse lo más pronto posible de aquello y nadie debía saber que estaba en la habitación. Debíamos apresurarnos, así que apenas tomé cepillo de dientes, me puse zapatos y me cambié de ropa, ya que había llegado casi descalza, con el vestido roto y lleno de sangre, por los golpes recibidos durante la revuelta. Con nuestros bolsos de mano, salimos hacia otra área del hotel, que estaba en remodelación, dejando el equipaje, confiando que luego, podríamos recuperarlo. El gerente nos llevó a un ala desierta, todavía en construcción y nos dijo que nos quedáramos esa noche ahí. No debíamos contestar el teléfono, sin embargo, no sé si por ansiedad o testarudez, tan pronto el teléfono sonó, mi esposo lo contestó. Nunca entendí por qué lo hizo, afortunadamente, no hubo consecuencias que lamentar. Si seguíamos las instrucciones, probable sobreviviríamos.

Por otra parte, mi esposo quien fumaba asiduamente, no pudo aguantar la ansiedad y le pidió al gerente que por favor le consiguiera unos cigarrillos, eso me puso muy nerviosa, ya que tendría que abrir la puerta a quien los trajera. El gerente accedió a la petición y acordaron una contraseña, para que reconociera a quien vendría con la encomienda. Una espera que en otro momento pudo haber sido normal, se había convertido en potencial peligro, solo para complacer el deseo de mi esposo, de fumarse unos cigarrillos. Para mí esto era absurdo. En fin, como dije alguna vez al principio de la historia, había cosas en la que éramos muy diferentes, aún después de veinte años de matrimonio.

Todo aquello me parecía insólito. Mi esposo y yo no podíamos creer que nuestro viaje aniversario, hubiese dado un giro tan dramático. Allí estábamos los dos, escondidos del mundo entero, lejos de nuestra familia y en peligro de muerte. Me abrumaba la idea de que si durante la noche nos mandaban a matar, nuestros hijos nunca sabrían dónde encontrarnos.

No teníamos ninguna garantía para salir de allí vivos. Entre tanto engaño, ya no sabíamos si el gerente del hotel también era cómplice de todo lo que nos había pasado. Aquella noche fue la más larga de mi vida. Mi esposo y yo nos abrazamos y rezamos sin parar. Después de todo, ahí estábamos los dos, más juntos que nunca y con la fe puesta en Dios, sabiendo que no nos abandonaría.

Llegó la mañana y el gerente con un código especial de contacto, vino a buscarnos para llevarnos a otra área del hotel y nos informó que ya el representante diplomático de nuestro país había llegado y se disponía a hacer todos los arreglos, para sacarnos de ahí y refugiarnos en la Embajada. El embajador primero debía hacer acto de presencia, junto a un gran número de Jefes de Estado y de Gobierno, en el funeral donde se honrarían los restos de la señora Indira Gandhi.

Mi esposo un periodista apasionado, locutor y trabajador incansable de los medios de comunicación, no pudo resistir la tentación de acompañar a su amigo, en lo que pronto sería uno de los funerales más importantes de la historia; a pesar de todo lo sucedido, decidió tomar el riesgo e ir con él. En esta oportunidad, tomé la decisión de no ir. Así que los esperaría en el hotel, hasta que regresaran. Muerta de miedo, pero con una fuerza inexplicable, decidí escuchar mi corazón y me quedé. De inmediato me llevaron a otra área del hotel, esta vez menos confortable. Era una especie de depósito en construcción, dentro del mismo hotel. En virtud de las manifestaciones de decenas de personas que se aglomeraban en las calles protestando en contra de la muerte de Indira

Gandhi, los españoles turistas también vinieron conmigo y me acompañaron. Recuerdo que me acurruqué debajo de una mesa y permanecí allí, hasta que mi esposo regresó. Perdí la noción del tiempo. Sabía que estaba viva y agradecía por ello. Guardaba la esperanza de volver a ver a mis hijos y abrazarlos otra vez. Mi fe era lo único que me sostenía.

Durante la espera en aquel lugar rodeado de ventanas, podía ver desde donde me encontraba, como la gente afuera pasaba y merodeaba en los alrededores. Incluso, por momentos se veía la cara de alguno, asomando por los vidrios. De pronto, se acercó una de las amigas españolas, que se había quedado y me dijo que un hombre había estado preguntando por mí, para entregarme unas fotos. Yo no lo podía creer. Ese debió ser uno de los hombres que acompañaban al Jeque, ya que la noche anterior, él se había ofrecido para revelar el rollo de mi cámara fotográfica. Con gran temor permanecí acurrucada debajo de la mesa, rogando a Dios me sacara de ahí, lo más pronto posible.

Según lo planeado, mi esposo regresó con el Embajador interino, quien ya había hecho todo los arreglos de pago de hotel, así como recuperación de nuestro equipaje. Finalmente, salimos en un carro oficial que ondeaba la bandera de Venezuela, y trasladados a la Embajada de nuestro país. El chofer irónicamente, se llamaba BALA y fue muy cauteloso y apacible, mientras conducía. Mis piernas temblaban, nada más de pensar en la posibilidad de ser atacados otra vez por las turbas. Afortunadamente el recorrido se hizo en calma y la policía ya tenía en control todas las vías de acceso.

Al llegar a la Embajada, fuimos atendidos amablemente por los que allí se encontraban. Para mi sorpresa, en el lugar no había ningún tipo de lujos, todo era muy sencillo e incluso, también lo usaban como residencia familiar del Embajador. El ambiente era agradable, pero después de todo lo que había vivido, para mí seguía siendo un lugar inseguro. Mientras estábamos ahí, tuve la oportunidad de hablar con la esposa del Embajador, quien me confió algunas de las penurias que a veces pasaban, especialmente por las limitaciones y carencias y diferencias culturales. Ella ayudaba con la gestión no solo de Venezuela, sino también de otros países de Latinoamérica. Entre otras cosas, me contó por ejemplo, lo difícil que había sido coordinar el traslado de uno de los presidentes de Ecuador fallecido en Delhi, ya que en la ciudad no se usaban féretros. Además cuando llamó a la central telefónica, para que la comunicaran con el país de origen, la recepcionista le respondió que Ecuador no era un país, sino la línea que dividía a la tierra…, en fin, ya nada me extrañaba de ese lugar. Muy cerca de la casa se encontraba un gran templo, cuyos cánticos de alabanza retumbaban en mis oídos, varias veces al día. No era música, era como un lamento colectivo que me desesperaba. Sin duda la ciudad estaba conmocionada y eran muchos lo que odiaban a la Señora Gandhi, pero eran más los que la amaban.

Pronto comenzaron a buscar algún avión que nos sacara de la India lo más pronto posible, pero no había ninguno, ya que debido a la llegada de los mandatarios mundiales, cancelaron todos los vuelos comerciales, como medida de seguridad nacional. De repente, como un milagro, otro de los que ya nos venían ocurriendo, nos informaron que llegaría un avión de Inglaterra, transportando al Príncipe Carlos, y que había una remota posibilidad de embarcarnos en ese vuelo, con destino a Londres. Así fue. Hicieron todos los arreglos y BALA sería el chofer designado para llevarnos al aeropuerto internacional. Recordamos que habíamos dejado parte de nuestro equipaje guardado ahí, con todo lo adquirido en el recorrido por varios países. Nos dispusimos a buscarlo y con la ayuda de BALA, todo resultó muy bien. Llegó la hora de despedirnos de nuestro chofer, quien para ese momento, era como el ángel que nos ayudaba a salir de aquel infierno. Él nos trató con amabilidad, considerando el nivel de predisposición y estrés en el que nos encontrábamos; ayudó con las maletas y nos acompañó hasta donde pudo. Nunca olvidaré la nobleza reflejada en sus ojos, no sé porque llevaba el nombre BALA, pero mi agradecimiento hacia él será eterno.

Después de liberar el equipaje y pasar al área de abordaje, mi esposo y yo nos sentamos en un rinconcito y nos abrazamos sin decir una palabra. Estábamos exhaustos y agradecidos. Nos quedamos juntos sintiendo una paz, de la que ya nos habíamos olvidado. Estábamos vivos, y pronto podríamos regresar a casa dejando atrás toda esta pesadilla. Sin darnos cuenta, nos quedamos dormidos... ¡Oh Dios! Cuando de repente alguien nos despertó y los dos saltamos asustados, temiendo que nos hubiese dejado el único avión que nos sacaría de ahí. No había nadie a nuestro alrededor, el área de abordaje estaba vacía. Nunca supimos quién nos despertó, pero recuerdo que al ver a lo lejos como el avión se preparaba para despegar, corrimos como locos gritando a todo pulmón: -¡NO NOS DEJEN POR FAVOR, no nos dejen! – corríamos desesperados, no queríamos quedarnos, queríamos regresar a casa, abrazar a nuestros hijos… Llorábamos y corríamos, ¿Cómo podíamos habernos quedado dormidos? Seguimos corriendo hasta que aquel interminable pasillo que conducía al avión se terminó y apareció alguien de la tripulación, para abrirnos la puerta y dejarnos abordar. No lo podíamos creer, pero ahí estábamos. Nos sentaron en lugares separados. Eso no importaba en aquel momento. Dios nos había dado otra oportunidad y finalmente íbamos a regresar a casa. Cada uno ocupó el asiento asignado. Quedamos lejos uno del otro, pero con los corazones más unidos que nunca. Mi esposo, colocó un cigarrillo sin encender en su boca y se quedó dormido. El cansancio me venció y me quedé rendida, hasta que aterrizamos en Londres.

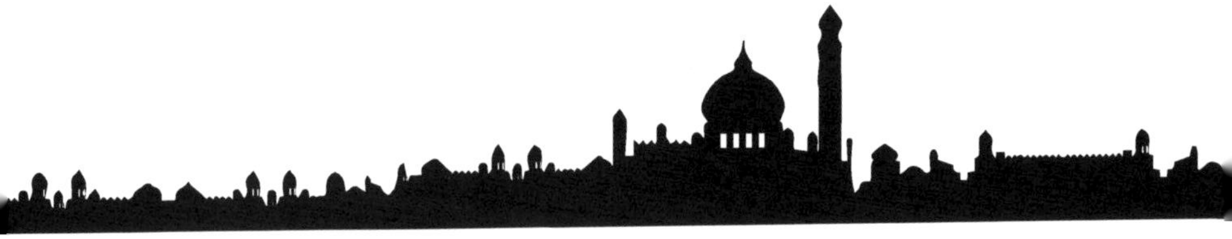

Londres

Después de los acontecimientos traumáticos que vivimos en la India, y las dificultades que tuvimos que enfrentar, hasta abordar el avión para llegar a Londres, no nos cabía la menor duda que escapar con vida, había sido un verdadero milagro. Recuerdo que salimos y nos sentamos en un lugar del aeropuerto, simplemente observando a toda la gente que pasaba a nuestro alrededor. En ese momento vino a mi mente en el tiempo que teníamos sin comunicarnos con la familia, con todo lo sucedido, había perdido la noción de los días y horas; de cualquier manera, ellos estarían pensando que la estábamos pasando muy bien, ya que todavía no era la fecha de regreso. Comencé a pensar en mis padres. No veía el momento de abrazarlos y contarles todo lo que había sucedido, y el riesgo que corrieron nuestras vidas. En ese momento, otro milagro se manifestó ante nosotros. Al escribir esto, ni yo misma puedo creer, que algo así ocurriera. Decidimos quedarnos en Londres tres días y recuperarnos para seguir el viaje a Venezuela. Con el adelanto de fechas en Katmandú, todavía contábamos con la estadía programada en la ciudad, como parte final del recorrido. Nos levantamos y caminamos entre la gente, hacia la puerta de embarque del aeropuerto y cual sería nuestra sorpresa al ver que la otra pareja venía acercándose hacia la misma puerta, era nada más y nada menos que mi papá y mi mamá. Llegué a pensar que estaba alucinando, después de todo lo sufrido. Mis padres igualmente sorprendidos, nunca imaginaron que pudiéramos coincidir de esta manera. Corrimos a su encuentro y los abracé con fuerza. Mis lágrimas de agradecimiento y alegría, brotaban sin parar. ¡Qué emoción tan grande sentí! Estaban ahí justo en el momento que nosotros llegábamos. No habíamos planeado esto. Ellos estaban en Venezuela y decidieron hacer ese viaje por su cuenta. Estábamos tan emocionados, y por supuesto ansiosos por contarles de primera mano, lo sucedido. Ellos no podían creer lo que escuchaban. Mi padre comentó que todo parecía una película de ficción, mientras mi madre lloraba al vernos sanos y salvos. Cuántas emociones y cuántas historias en este recorrido casi mortal para nosotros. Tristemente, la Señora Gandhi no corrió con la misma suerte, pero su muerte la convirtió en un personaje inmortal para la historia.

Estando todavía en Londres, leíamos las noticias de lo sucedido.

Tomado de fuentes noticiosas Nueva Delhi, 1984.

"La primera ministra de India, Indira Gandhi, de 66 años de edad, fue asesinada por tres miembros de su guardia personal de la religión Sij. La mujer que durante más de 15 años dirigió los destinos de su país, recibió a las 9;30 am de la mañana, cuatro disparos en el estómago y tres en el pecho. Miles de personas se echaron a la calle, en las principales ciudades del país, dando lugar a numerosos enfrentamientos entre hindúes miembros de la religión Sij. La agencia de noticias india PTI anunció que al funeral de Indira Gandhi asistirán números Jefes de Estado y de Gobierno. La policía formó durante todo el día de ayer un fuerte cordón en torno al hospital en el que murió Indira Gandhi para contener a las decenas de personas que se habían amontonado allí, desde poco después de conocer la noticia. En nueva Delhi, grupos hindúes quemaron varios coches Sijs y seguidores de ambas religiones, se enfrentaron en una batalla campal, en un barrio de la ciudad."

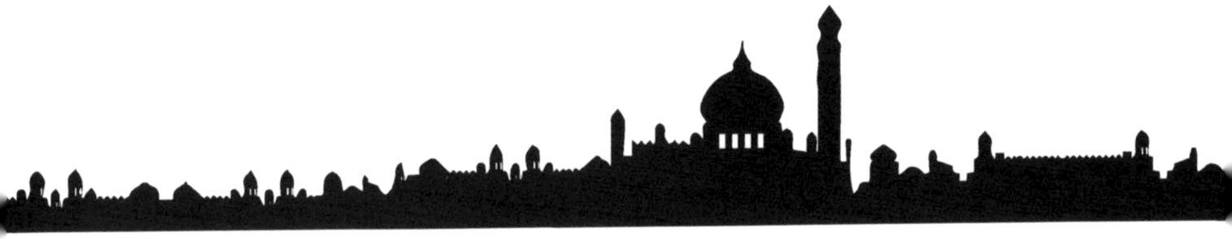

Puerto Azul

Pensar en Puerto Azul, es como regresar a casa...
Me viene a la mente el momento en que mi amado Andrés y
yo nos vimos por primera vez.

Mi grupo familiar estaba formado por mi padre, madre, hermano mayor, mi hermana menor y yo. Mi padre médico de profesión, un hombre de carácter fuerte, celoso, recto en sus principios, amante de la familia y de su profesión. En las épocas más importantes para compartir en familia, siempre tenía una paciente esperando parto y eso nos obligaba a regresarnos de cualquier evento o a compartir sin él. Mi madre maestra no ejercía su profesión. Era una mujer de carácter alegre, le gustaba pasear salir y estaba muy limitada por la profesión de mi padre. Conmigo era más severa por ser la mayor. Mi hermana menor era más consentida y el único varón se las arreglaba para salir lo mejor posible de sus travesuras. Mi abuela materna era mi gran amor desde que tuve uso de razón, era viuda desde muy joven. Mi abuelo murió por la persecución de la que fue objeto en el gobierno del dictador Juan Vicente Gómez. Murió al salir de la cárcel. Tuvo cuatro hijos, su hija mayor murió cuando tenía quince años, dos varones y una niña, mi mamá quien creció como una mujer muy seria, pero con una ternura y una incondicionalidad para cada uno de nosotros. Conocía mucho de la vida de todo lo que le preguntaras y si no lo sabía lo averiguaba sobre todo en política de ahí que siempre opinaba muy acertadamente de lo que ocurría en el mundo. Nuestra vida transcurría en un hogar con mucho amor, donde mis Hermanos y yo éramos lo más importante, pero bajo muchas reglas, principalmente por el rendimiento escolar. Por el trabajo de mi padre, nuestro feliz escape era cuando llegaba el fin de semana y nos íbamos al club de Puerto Azul. Salíamos de la rutina del colegio y las tareas, aunque teníamos nuestro horario de estudio en el club. Nuestro regreso a casa era normalmente los domingos en la tarde. Los domingos en la mañana íbamos a la misa y nos encontrábamos con los amigos. Fue una de las épocas más bellas, fue ahí donde conocí al amor de mi vida.

Un día mi hermano dos años mayor que yo, le pidió permiso a mi padre para llevarnos a pasear en la lancha de un amigo que le estaba enseñando a esquiar sobre el agua, en la bahía de Puerto Azul, por cosas de Dios mi papá permitió y fuimos los tres. Mi hermano caminaba adelante y mi hermana y yo le seguíamos más despacio. Estábamos un poco asustadas, no sabíamos a dónde íbamos y mi hermano con insistencia nos apuraba, antes de que mi papá se arrepintiera; con la picardía que lo caracterizaba, miraba nuestras caras y decía, – caminen y no pregunten tanto. –

A lo lejos estaban dos jóvenes sentados esperando a mi hermano y cuando nos vieron se levantaron rápidamente. Mi hermano, dirigiéndose a uno de ellos, el más guapo, le dijo, – Andrés ellas son mis hermanas. – Cuando Andrés se acercó y me dio la mano como señal de saludo, se me detuvo el corazón, sentí que mi estómago dio vueltas. No entendí lo que me pasó, pero supe que lo amaría para toda la vida. – Yo tenía apenas once años. Durante el paseo, todo fue maravilloso. Los amigos de mi hermano eran mayores que él, pero ambos trataron de compartir y adaptarse. Andrés me preguntó si quería esquiar y nos contó que estaba feliz porque su papá le había regalado la lancha para pasear con su familia y ahora con nosotros, sentía que nos conocía de toda la vida. Al terminar el paseo, fui corriendo donde mi abuela y le conté todo lo que había pasado. Ella me miró y no dijo nada. Ella mirando el horizonte me dijo, – debe ser cosa tuya y él te debe haber visto como otra amiga más de su grupo. – Yo le insistí. – No abuela, estoy segura que no, él me vio con una ternura, que sentí escalofrío; fue súper amable y dulce, hasta llegué a sentirme inquieta de todas las cosa bonitas que me dijo. Además me enseñó a esquiar, me tuvo mucha paciencia, me dijo que era muy despierta y que para ser la primera vez, esquiaba muy bien. Yo estaba muy feliz, pero teníamos que regresar a casa. La abuela sabiamente, mirándome a los ojos me dijo: – Me parece que te enamoraste y eso no es bueno a tu edad, porque el amor generalmente hace sufrir. – Ni lo comentes a tu padre, porque lo matas si le dices semejante cosa. Olvida eso. Pero también te digo que "lo que es del cura va para la Iglesia" – No puedo creer que te esté hablando de esto, a tus once añitos. Trae a ese muchacho para verlo y para conocerlo, lo que si te advierto seriamente, no lo aceptes como novio. –

Yo muy seria respondí: – A ese joven, no le permitiré ni una falta de respeto, ni jueguitos. Abuela no te preocupes, esto no es tan grave. Le diré que lo quieres conocer. –

Cuando Andrés se despidió aquella tarde, me dijo que esa misma noche sus padres y unos amigos, tendrían una cena en la playa y que estábamos todos invitados. Le dije a mi abuelita que si mi papá aceptaba ir, entonces lo conocería.

Eso sí, le recordé: –Abuelita, lo que te he dicho es un secreto tuyo y mío. –

Desde entonces, el Club Puerto Azul se convirtió en nuestro segundo hogar y el comienzo de una historia que vivirá por siempre. Años más tarde, Andrés y yo nos casamos y vivimos muchas historias emocionantes durante cincuenta y dos años juntos en esta tierra, hasta que le llegó el momento de partir a la eternidad.

Al escribir este libro, siento que vuelvo a casa, a nuestro Puerto Azul, y desde este sentimiento cumplo la promesa de escribir nuestra historia.

LUISA GARCÍA DE SERRANO

ACERCA DE LA AUTORA

Nació en Caracas, Venezuela

Cursó estudios de Psicología, en la Universidad Católica Andrés Bello, hasta que decidió suspenderlos, para contraer nupcias con Andrés Avelino Serrano Trías.

Después de vivir una temporada en New York, ya casada, regresó a Venezuela, país donde nacieron sus seis hijos, Andrés, Asiul, José Gregorio, Manuel, Felipe y Luis.

Poco tiempo después, entre sus tareas de ama de casa y dedicada por completo a la crianza de sus pequeños, retomó los estudios en la Escuela de Derecho de la Universidad Santa María, donde obtuvo el título de Abogado, en el año de 1991.

Debido a los continuos viajes nacionales e internacionales de su esposo, Luisa pudo recorrer el mundo junto a él y vivir muchas aventuras que la motivaron a escribir, siempre con la ilusión de publicar algún día.

Adicionalmente se dedicó al trabajo filantrópico, colaborando y apoyando causas sociales, como el trabajo parroquial de la Iglesia de la Chiquinquirá y el de la Escuela Jardín Franciscano, donde se impartía educación a niños de escasos recursos. Así continuo, como voluntaria del "Kinder Rumbos " desde donde surgieron varias generaciones de jóvenes, que más tarde se incorporaron al mercado laboral con éxito.

Luisa y su esposo, participaron en el Movimiento de Cursillos de Cristiandad en la sede principal de El Marquez, Caracas, apoyando al Reverendo Cesáreo Gil Atrio. Su incansable deseo de servir a otros, la llevaron a dar charlas de familia, en los programas de rehabilitación, ofrecidos a los presos de la carcel de Gato Negro, conjuntamente con el Reverendo Miguel Marzo.

Luisa contó en todo momento con el apoyo incondicional de su compañero de vida y causas posibles; su amado Andrés.

Después de muchos años, se hace realidad el sueño de publicar este libro y nos presenta su primera obra literaria, como tributo y cumplimiento de la promesa de amor, que le hiciera a su amado esposo, antes de partir a la eternidad.

Hoy, felizmente deja el legado a sus diez nietos y a todos los lectores, con quien anhela compartir esta maravillosa historia de amor.

INDICE

- El viaje — 13
- El Recorrido — 23
- Dubái — 27
- Brunei — 31
- Singapur — 35
- Katmandú — 41
- Delhi — 61
- El día que se estremeció la India — 83
- Londres — 103
- Puerto Azul — 107
- Acerca de la autora — 113

La presente obra ha sido editada por
Massiel Alvarez
Diseñada por
Germán García

Contacto: bookmasterscorp@gmail.com

Made in the USA
Middletown, DE
26 February 2019